비트코인이 바꾸는 부의 미래

'굿모닝 굿나잇'은 21세기 지식의 새로운 표준을 제시합니다.
이 시리즈는 (재)3·1문화재단과 김영사가 함께 발간합니다.

비트코인이 바꾸는 부의 미래

1판 1쇄 인쇄 2025. 11. 4.
1판 1쇄 발행 2025. 11. 11.

지은이 인호

발행인 박강휘
편집 박익비 | 디자인 정윤수 | 마케팅 김새로미 | 홍보 강원모
발행처 김영사
등록 1979년 5월 17일(제406-2003-036호)
주소 경기도 파주시 문발로 197(문발동) 우편번호 10881
전화 마케팅부 031)955-3100, 편집부 031)955-3200 | 팩스 031)955-3111

저작권자 © 인호, 2025
이 책은 저작권법에 의해 보호를 받는 저작물이므로 저자와 출판사의 허락 없이
내용의 일부를 인용하거나 발췌하는 것을 금합니다.

ISBN 979-11-7332-397-3 04300
     978-89-349-8910-3 (세트)

홈페이지 www.gimmyoung.com   블로그 blog.naver.com/gybook
인스타그램 instagram.com/gimmyoung   이메일 bestbook@gimmyoung.com

좋은 독자가 좋은 책을 만듭니다.
김영사는 독자 여러분의 의견에 항상 귀 기울이고 있습니다.

이 책의 본문은 환경부 인증을 받은 재생지 그린LIGHT에 콩기름 잉크를 사용하여 제작되었습니다.

비트코인이 바꾸는 부의 미래

Digital Asset

인호 지음

디지털 자산 혁명 시대에
낙오되지 않고 살아남는 법

김영사

|차례|

프롤로그 부의 미래는 디지털 자산에 달려 있다 ········· 7

1장 블록체인과 비트코인, 왜 모두가 주목할까?

1. 블록체인, 게임처럼 돌아가는 신세계 ············· 15
2. 비트코인, 인터넷 속에서 태어난 돈 ·············· 26
3. 가짜 아닌 진짜 돈? 비트코인의 가치 비밀 ········ 31
4. 비트코인은 금융산업을 어떻게 바꾸는가? ········· 43
5. 미국은 왜 비트코인을 국가 전략 자산으로 삼았나? ·· 48

2장 돈의 진화, 아날로그에서 디지털로

1. 스마트 컨트랙트, 계약이 자동으로 실행된다 ······ 55
2. 중개인 없이 거래하는 세상이 온다 ··············· 62
3. 전 세계가 하나의 금융 플랫폼으로 연결된다면? ··· 72
4. 실물자산도 디지털 전환? RWA란 무엇인가? ······ 78
5. 블랙록은 왜 실물자산을 디지털화하려 할까? ······ 82
6. 투자시장이 거대한 하나의 플랫폼으로 변한다면? ·· 85

3장 세상의 모든 자산을 토큰으로 만들다

1. 스테이블코인, 왜 '가치 안정적인 코인'이 필요할까? ⋯⋯ 89
2. 스테이블코인의 현재와 앞으로의 과제 ⋯⋯⋯⋯⋯⋯⋯ 97
3. 건물 한 채도 조각내 거래할 수 있다고? ⋯⋯⋯⋯⋯⋯ 104
4. 금, 디지털 세상에서 다시 태어나다 ⋯⋯⋯⋯⋯⋯⋯⋯ 112
5. 그림과 음악을 소유하는 새로운 방식, NFT ⋯⋯⋯⋯⋯ 117
6. 권리 토큰화 시대, 채권·지식재산·예약권까지 ⋯⋯⋯⋯ 121
7. 데이터는 어떻게 '자산'이 되는가? ⋯⋯⋯⋯⋯⋯⋯⋯ 126
8. 토큰의 가치는 무엇으로 결정되는가 ⋯⋯⋯⋯⋯⋯⋯⋯ 135

4장 디지털 자산 시대, 미래는 어떻게 달라질까?

1. 부자가 될 기회, 모두 잡을 수 있을까? ⋯⋯⋯⋯⋯⋯⋯ 143
2. 지금 무엇을 알아야 하고, 어떻게 준비해야 할까? ⋯⋯ 149
3. 한국의 미래 직업과 산업, 어디로 향할까? ⋯⋯⋯⋯⋯ 155

주 ⋯⋯⋯⋯⋯⋯⋯⋯⋯⋯⋯⋯⋯⋯⋯⋯⋯⋯⋯⋯⋯⋯⋯⋯ 162

※ 이 책은 투자를 권유하거나 자문하기 위한 것이 아닙니다. 모든 투자 결정은 본인의 판단과 책임으로 신중하길 바랍니다. 저자 인호 교수는 카카오톡(오픈채팅 포함)·텔레그램·투자 홈페이지 등 어떠한 투자 관련 채널도 운영하지 않으니, 유사·사칭 투자방에 특히 유의하시길 바랍니다.

일러두기

1. 디지털 자산 시장은 기술·정책·국제 정세에 따라 빠르게 변하는 영역으로, 본서는 저자가 집필을 마친 시점까지 확인 가능한 사실과 데이터를 바탕으로 디지털 자산의 개념·기술적 구조·시장 동향·정책적 흐름을 종합적으로 서술했습니다.

2. 인용한 통계, 사례, 그래프 등은 명시된 출처를 기준으로 작성했습니다.

3. 외국어는 원칙적으로 국립국어원 외래어 표기법을 따르되, 관용적으로 통용되는 표현은 병기한 뒤 그대로 사용했습니다.

> 프롤로그

부의 미래는 디지털 자산에 달려 있다

드디어 타임머신이 발명되었다. 당신이 타임머신을 맨 처음 시승할 행운의 주인공으로 선정되었다면, 당신은 어느 시대로 돌아가고 싶은가?

근로자 월급 평균 54만 원인 **1989년**?

아니면 351만 원인 **2022년**?

월급이 많아 보이는 2022년을 선택했다면, 1989년을 선택한 사람에 비해 '벼락거지'가 되어 있을 확률이 높다.

실제로 강남 25평 아파트 가격을 보면(국토교통부 통계 참조) 1989년 3,200만 원이었던 것이 2022년에는 22억 5,000만 원으로 뛰었다. 노동자가 한 푼도 쓰지 않고 모아서 이 아파트를 산다면 1989년에는 4.9년이 걸리지만 2022년에는

53.4년이 필요하다. 평생을 일해도 강남에 있는 25평 아파트를 마련하기가 요원해진 것이다.

월급은 그리 많이 오르지 않았는데 자산 가격은 그동안 수십 배 뛰었다. 이제 노동 수익의 증가보다 자산 수익의 증가가 훨씬 빨라져 아무리 열심히 일해도 부자가 되긴 어려운 세상이 되었다.

블록체인과 디지털 자산의 부상

왜 이런 일이 일어났을까? 하루가 멀게 돈의 가치가 떨어지고, 자산 가격은 하루가 다르게 오르고 있다. 자산을 가진 특정 계층만 더 부자가 된다. 자산이 있는 사람은 자산 가치가 계속 상승하면서 지속적으로 부를 축적할 수 있지만, 자산 없이 노동 수익만으로 살면서 예금이나 적금을 열심히 붓는 사람은 점점 더 가난해지고 있는 것이다. 이런 불균형이 심화되면서 "부자들은 더 부자가 되고, 가난한 사람은 더 가난해진다"는 말이 현실이 되었다.

새롭게 떠오르는 '디지털 자산'이 이런 현상을 바꿀 수 있을까? 아니, 바꾸기 위해서 우리가 해야 할 일은 무엇인가?

나는 지난 10여 년 블록체인과 디지털 자산 관련 연구와 교육을 병행해오면서 한 가지 확신을 갖게 되었다. 미래의 금융과 사회 시스템은 자산의 디지털화를 기반으로 재구성 될 것이며, 이 변화는 일부 기술자나 투자자만이 아니라 우리 모두의 삶을 뒤흔들 것이다.

이 책은 블록체인이라는 기술이 어떻게 디지털 자산의 기반이 되었고, 그것이 다시 어떻게 전통적인 자산 개념을 재구성하고 있는지에 대해 이야기하려 한다. 어렵지 않게, 그러나 피상적이지 않게 풀어가는 것이 목표다. 기술은 기술대로 설명하되, 그것이 실제 세상에서 어떤 변화를 일으키고 있는지를 사례 중심으로 살펴볼 것이다.

우리는 지금, 새로운 자산의 시대를 맞이하고 있다. 돈의 의미가 바뀌고 있다. 과거에는 눈에 보이는 화폐만이 '돈'이었다. 그러나 이제는 눈에 보이지 않지만, 가치가 있고, 소유권을 주장할 수 있으며, 전 세계로 실시간 이동 가능한 '디지털 자산'이 새로운 부로 등장하고 있다. 부의 미래는 디지털에서 시작된다. 이제 그 흐름을 이해하고 그 안에서 기회를 포착하는 것은 선택이 아니라 생존의 문제다.

암호화폐는 그 첫 주자다. 가장 대표적인 비트코인은 2008년 글로벌 금융위기 이후, 중앙은행이나 정부의 통제를 받지 않는 새로운 화폐 시스템을 목표로 등장했다. 누구에게도 의존하지 않고, 네트워크 참여자 모두가 장부를 함께 검증하고 유지하는 블록체인 기술에 기반한다.

블록체인은 단지 기술 그 이상이다. 금융을 넘어 계약, 소유권, 자산 유통의 방식을 바꾸는 '디지털 혁명'의 핵심이다. 이 기술을 바탕으로 우리는 더 투명하고, 더 빠르며, 더 탈중앙화된 경제 생태계를 실현해 나가고 있다.

디지털 자산, 지금 어디까지 왔나?

이제 우리는 새로운 질문을 던져야 한다. "비트코인은 믿을 만한가?"가 아니라, "우리 사회는 비트코인을 어떻게 다루고 있으며, 그것이 우리 삶에 어떤 구조적 영향을 미치고 있는가?"라고 말이다.

2024년 1월 10일, 미국 증권거래위원회SEC는 세계 최대 자산운용사 블랙록 등이 신청한 10여 개의 비트코인 현물 ETF 상품을 승인했다.[1] 이는 비트코인 현물을 담보로 인덱스펀드[2]를 거래소에 상장해 투자자들이 주식처럼 편리하게 거래할 수 있도록 만든 상품이다. 이 ETF는 단 11개월 만에 20년 된 금 ETF를 넘어섰다. 이 일은 디지털 자산이 제도권

금융의 문턱을 넘어섰음을 보여주는 상징적 사건이었다.

ETF는 전통 금융과 새롭게 부상하는 디지털 자산을 이어주는 게이트웨이가 되었다. 이로 인해 더 많은 사람이 디지털 자산에 쉽게 투자할 수 있게 되었다. 그야말로 디지털 자산 투자 시장의 문턱을 크게 낮춰준 것이다. 그 결과 돈이 많지 않은 사람도 디지털 자산에 접근할 수 있는 '자산 민주화'의 출발점이 되었다. 블랙록은 이를 기반으로 한발 더 나아가 이제는 "모든 자산을 토큰화tokenization하자"는 비전을 제시하면서 새로운 디지털 자산 시장을 활짝 열어젖히고 있다.

이처럼 디지털 자산은 단순한 디지털 기술이 아니라 돈의 흐름을 바꾸고 있다. 투자에 참여할 수 있는 사람은 한 국가를 넘어 전 세계로 확대되어 크게 늘어나고, 투자에 필요한 시간과 비용이 획기적으로 줄어들었다.

이 책은 어떤 관점을 다루고 있나?

이 책은 투자 지침서가 아니다. 암호화폐를 비롯한 디지털 자산의 등장부터 지금까지의 짧지만 격동적인 흐름을 살펴보고, 디지털 자산이 어떻게 기존 자산과 금융 생태계를 변화시키고 있는지 차근히 풀어가려 한다. 이를 가능케 한 핵심 기술들인 블록체인Blockchain, 비트코인Bitcoin, 스마트 컨트랙트Smart Contract, 실물자산 토큰화RWA, Real World Asset 등의 작동 원리와 의미를 설명할 것이다. 이어서 현재 우리가 마주한 법적·사회적 과제들을 짚고, 디지털 자산 혁명이 불러올 미래의 변화와 이에 대한 개인적·사회적 대응 방안을 모색하고자 한다.

한국 사회의 구성원이자 한 명의 개인으로서, 이 거대한 변화의 흐름 속에서 어떤 시선과 태도를 견지해야 할까? 이 책이 디지털 자산 시대의 나침반으로서 작게나마 방향을 제시해줄 수 있기를 바란다. 변화의 본질을 이해하는 것이야말로 다가오는 기회를 잡는 첫걸음이 될 것이다.

1장

블록체인과 비트코인, 왜 모두가 주목할까?

1
블록체인, 게임처럼 돌아가는 신세계

암호화폐와 디지털 자산을 제대로 알려면 먼저 블록체인을 이해해야 한다. 비트코인, 이더리움, NFT, DeFi, 디지털 자산, RWA… 이 모든 개념은 결국 블록체인 기술이라는 토대 위에 세워진 건물과도 같다.

블록체인은 단순한 정보 저장 기술이 아니다. 정보를 중복 분산해 위변조를 어렵게 해서 신뢰를 높이고, 거래를 자동화하며, 중개자 없이도 가치를 주고받을 수 있도록 하는 새로운 인프라다.

과거에는 은행, 증권사, 공공기관처럼 신뢰를 보증해주는 기관이 있어야만 거래나 계약이 가능했다. 그러나 블록체인은 이 전통적인 구조를 근본부터 바꾸고 있다. 중앙기관 없이도 신뢰할 수 있는 구조, 그것이 블록체인의 본질이다.

이 책에서 블록체인을 가장 먼저 다루는 이유는, 이 기술이 디지털 자산 시대를 지탱할 '기초 체력'이기 때문이다. 블록체인은 단지 암호화폐의 배경 기술이 아니다. 금융, 예술, 게임, 부동산, 의료, 공공 서비스 등 거의 모든 분야에서 '신뢰의 구조'를 바꾸고 있는 혁신적 기술이다.

1장에서는 블록체인의 작동 원리와 구조, 그리고 그것이 세상에 던진 변화의 신호를 차근차근 짚어보려 한다. 블록체인을 이해하는 것은 디지털 자산과 토큰 경제, 그리고 다가올 새로운 경제 질서를 바라보는 데 있어 가장 중요한 토대가 되기 때문이다.

블록체인 쉽게 이해하기

사실 그렇게 어려운 개념은 아니다. 블록체인은 '블록'을 굴비 엮듯이 줄줄이 순차적으로 '체인'으로 연결한 장부 기록ledger이다. 물론 자전거 체인으로 연결하는 것은 아니고, 해시hash라는 암호수학적 방식으로 위변조하지 못하게 엮는 것이다.

블록체인을 유식한 말로 정의하면 '탈중앙화된 분산원

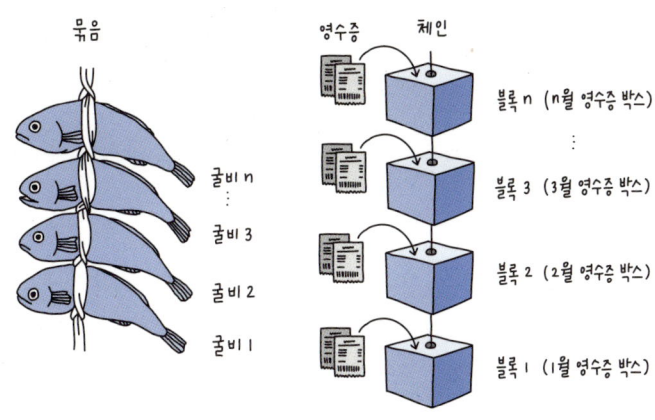

[그림 1-1] 굴비 묶음과 영수증 박스 비유로 이해하는 블록체인 구조

장distributed ledger 기술'[1]로, 데이터를 투명하고 안전하게 기록하는 방식을 의미한다.

이해를 돕기 위해 비유를 들어 설명해보겠다. 우리가 신용카드를 사용하면 가게에서는 카드 사용 내역이 담긴 영수증을 우리에게 준다. 이 영수증은 결제, 즉 트랜잭션transaction이 완결되었다는 증거다. 사실 이 결제 기록은 가게 주인에게도 복제되어 있고, 신용카드 회사도 가지고 있다. 즉, 하나의 결제 사실이 세 군데 이상 장부에 기록되어 보관되고, 문제가 생겼을 때 이 장부들을 서로 맞춰봄으로써 사실을 확인한다. 여기서 다른 주체들이 각각 같은 장부 기록을 가지고 있기 때문에 위변조를 방지할 수 있다는 점이 중요하다. 이 개념을 확대하면 '분산원장'이 된다.

이제 우리가 집에 와서 이런 영수증을 잘 보관하기 위해 월별로 표시된 박스에 넣어둔다고 가정하자. 이 박스가 '블록'이다. 박스들을 다달이 쌓아놓고 서로 위변조하지 못하게 자물쇠로 잠그고 체인으로 줄줄이 연결한다면, 이것이 바로 '블록체인'이다.

블록체인은 정말 위변조가 불가능할까?

어떻게 위변조를 못하게 할 수 있을까? 크게 두 가지 기술이 쓰인다. 하나는 해시값을 사용해 블록들을 연결하는 것이고(모든 블록이 해시값으로 묶여 있어 위변조가 어렵다), 다른 하나는 블록을 여러 컴퓨터에 분산 저장하는 탈중앙화 방식으로 운영하는 것이다.

해시값이란 어떤 일정 길이의 데이터를 입력받아 변환 생성한 고윳값이다. 예를 들어, 한 문장을 입력하면 복잡한 계산을 통해 완전히 다른 고유한 값이 생성된다. 중요한 점은, 원래 데이터가 조금이라도 바뀌면 해시값이 완전히 달라진다는 것이다. 아울러 이 해시값을 보고 역으로 그 입력값을 추측할 수 없다는 점이다.

예를 들어, 해시함수 알고리즘인 SHA256[2]에서 입력값으로 "I am a student."를 넣으면 다음과 같은 출력값을 얻을 수 있다.

0c00f6707d412bc9618460454a48fc3145313d7a1cef68
4a9d2f1127836963c2

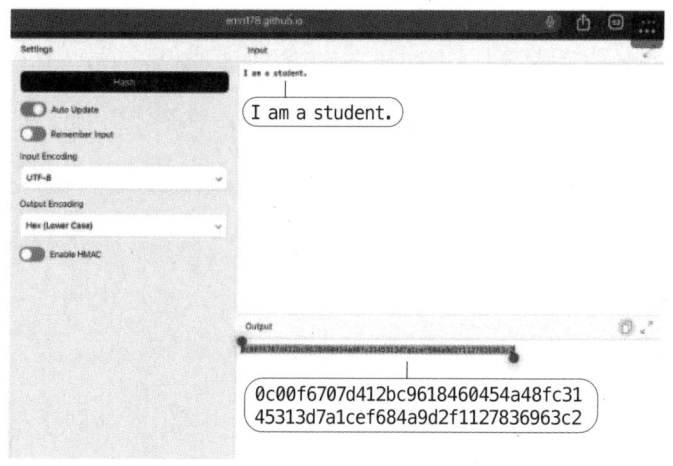

[그림 1-2] SHA256에서 "I am a student."로 얻은 해시값

그러나 여기에 점(.) 하나만 빼서 "I am a student"를 입력하면 다음과 같이 전혀 다른 해시값이 나온다.

982153ce34bd71dfdbfc4982783864de0da65e8497f48
6349335f4d9417694fd

왜 모든 블록이 해시값으로 묶이면 위변조가 어려운지 살펴보자. 1월에 비트코인 0.01개를 A 주소에서 B 주소로 계좌이체했다고 하자. 이 트랜잭션에 대해서 디지털 영수증이 만들어지고(마치 신용카드 결제 시에 영수증이 인쇄되어 나오는 것처럼), 이것이 블록1에 들어간다. 이렇게 1월에 만들어진 영수증을 모두 블록1에 담아놓고, 이 영수증들을 위 해시함수의 입력값으로 넣으면 특정한 해시 결과가 나올 것이다. 이를 '해시값1'이라고 하자.

2월이 되어 2월에 만들어진 영수증들을 블록2에 담기 시작한다. 이때 가장 먼저 담는 것이 블록1의 해시 결과인 '해시값1'이다. 마찬가지로 3월의 블록3에 해시값2(블록2의 해시 결과)를 넣는다. 이런 식으로 계속 굴비 엮듯이 해시값으로 블록을 엮어 올라간다.

만약 블록1에서 영수증 하나가 위변조되면 해시값1도 변경될 것이다. 블록2에 담긴 해시값1이 바뀌었으므로 블록2의 해시값도 변경된다. 연쇄적으로 블록3의 해시값 역시 바뀐다. 예를 들어, 블록1의 영수증에서 10달러를 100달러로 위변조하면 블록1의 해시값이 변하고, 이것이 블록2에 들어 있으므로 블록2의 해시값도 바뀌고… 결국 모든 박스에 해시값으로 연결된 체인이 모두 바뀌면서 연결이 끊어진다.

이로써 작은 숫자, 글자 한 획, 소수점 하나가 변해도 연결된 무수한 블록의 해시값이 모두 변하기 때문에 우리가 이 블록체인의 위변조를 쉽게 알아차릴 수 있다. 간단하게 얘기해서, 모든 블록체인이 해시값으로 촘촘히 묶여 있는데, 어느 하나가 위변조되면 모든 연결이 끊겨서 모든 블록이 깨져버린다. 각 블록이 이전 블록의 해시값을 포함하고 있어 체인이 강하게 연결되기 때문이다. 데이터를 조금이라도 수정하면 해시값이 변하면서 이후 모든 블록을 수정해야 하므로, 이를 조작하는 것은 현실적으로 불가능하다.

블록체인의 역사

블록체인의 시작은 2008년으로 거슬러 올라간다. 이해에 '사토시 나카모토 中本哲史'라고 알려진 익명의 인물이 백서 〈비트코인: 개인 간 전자화폐 시스템 Bitcoin: A Peer-to-Peer Electronic Cash System〉[3]을 발표하면서 블록체인의 개념을 처음 제시한 것이다. 비트코인은 전자화폐electronic cash로서의 기능을 목표로 한다는 것을 분명히 밝혔다. 이때 기반이 되는 기술이 블록체인이었다. 물론 백서에서는 '블록체인'이라는 단어를 사용하지 않았으나 그 개념을 분명히 설명했다.

블록체인은 매우 혁신적인 기술이다. 기존 금융 시스템의 중앙화 문제점을 해결하고, 중개자 없이 신뢰 기반의 거래 시스템을 구축하기 위한 기술이기 때문이다. 우리가 은행 같은 중앙화된 조직 없이 돈을 아프리카 친구에게 즉시, 중간에 아무도 거치지 않고 바로 줄 수 있는 방법이 있을까?

사토시 나카모토가 제안한 비트코인과 블록체인 기술은 이후 빠르게 주목받기 시작했다. 2009년 비트코인 네트워크가 처음으로 가동되면서 블록체인이 실제로 구현되었고, 최초의 비트코인 블록인 '제네시스 블록Genesis Block'이 채굴되었다.[4] 초기에는 소수의 기술 애호가와 개발자들만 이를 사용했으나, 서브프라임 모기지 사태[5]를 계기로 중앙화된 금융기관에 대한 신뢰가 무너지면서, 그 가능성이 점차 인식되었다.

비트코인이 만들어진 후 가장 중요한 순간을 꼽으라면, 비트코인이 가치를 가지고 실제 물건과 거래된 순간을 들 수 있다. 이날을 기념해 비트코인 커뮤니티에서는 '비트코인 피자데이Bitcoin Pizza Day'[6]라고 한다. 2010년 5월 22일, 비트코인 사용자 라슬로 한예츠Laszlo Hanyecz는 약 41달러 가치인 1만 비트코인을 주고 피자 두 판(25달러)을 구매하는 거래를 성사시켰다. 이는 역사상 최초로 암호화폐가 실질 가치 0에서 0.25센트의 가치를 갖는 순간이었다. 이후 비트코인은 1달러를 넘기고, 2025년에는 12만 달러(한화 약 1억 6,000만 원)를 호가하기도 했다. 이 사건은 비트코인이 단순한 디지털 자산을 넘어 실제 경제적 가치를 가질 수 있음을 보여준 중요한 이정표였다.

또 하나의 중요한 이정표는 2015년 '이더리움Ethereum'의 등장이다. 캐나다 개발자 비탈릭 부테린Vitalik Buterin이 주

[그림 1-3] 비트코인의 가치 변화[7]

도한 이더리움재단은 단순한 암호화폐를 넘어 블록체인 위에서 '스마트 컨트랙트'를 실행할 수 있는 이더리움이라는 플랫폼을 공개했다. 비트코인은 '공개된 위변조가 불가한 신뢰 데이터 장부'라고 한다면, 이더리움은 '공개된 위변조가 불가한 신뢰 프로그램 장부'라고 할 수 있다.

장부에 '스마트 컨트랙트'라는 프로그램을 등록해놓으면 전 세계의 이더리움 컴퓨터 노드node[8]들에 복제·분산해 어느 누구도 합의 없이 변경할 수 없다. 또 노드들이 이 프로그램을 제삼자의 간섭 없이 그대로 실행을 보장하는 시스템이다. 이는 구글이나 메타같이 중앙화된 권력 없이 십시일반으로 참여한 민주화된 노드들이 이 프로그램을 실행함으로써 어떤 위변조도 막아내는 역할을 한다. 더 자세한 개념은 3장에서 다시 설명하겠다.

이더리움은 블록체인의 활용 범위를 데이터에서 프로그램으로 크게 확장시켰으며, 이후 수많은 블록체인 기반 프로젝트와 탈중앙화 애플리케이션DApp, Decentralized Application의 개발을 촉진하는 계기가 되었다. 스마트폰 발전사에 비하자면, 비트코인이 전화만 되는 폴더폰이라면 이더리움은 앱 프로그램이 실행되는 스마트폰이라고 할 수 있다.

블록체인은 시간이 지남에 따라 소위 '블록체인의 3.0 시대'라고 불리는 다양한 플랫폼으로 발전을 거듭해왔다. 특히 전기량 소모가 많고 매우 느리며 수수료가 비싸다는 비트코인과 이더리움의 단점을 보완하고자 솔라나SOL, 카르다노ADA 등 새로운 블록체인 플랫폼이 제안되었다. 아울러 가치가 안정적으로 유지되는 테더, USD코인 같은 스테이블코인stable coin과 비앤비같이 코인거래소에서 사용하는 거래소 코인이 제안되기도 했다.

이와 같은 블록체인의 역사는 단순한 기술 발전 이상의 의미를 갖는다. 블록체인은 기존의 중앙집중식 시스템에 대한 도전이며, 정보와 권력을 분산시키고 참여자들이 자율적으로 신뢰를 형성할 수 있는 새로운 패러다임을 제시하는 기술이다. 블록체인은 금융, 공급망, 의료, 예술 등 다양한 산업 분야에서 활용되고 있으며, 단순한 기술적 진보를 넘어 사회적·경제적 변화의 중요한 촉매제로 작용하고 있다.

2
비트코인, 인터넷 속에서 태어난 돈

내가 처음 비트코인에 대해서 들은 것은 2014년 초였다. 당시 나는 소프트웨어벤처융합 전공 주임교수로서 창업에 관심 있는 학생들을 관련 벤처기업에 인턴으로 보내 미리 벤처기업을 경험할 수 있도록 돕고 있었다.

당시 벤처기업 중 하나인 ㈜코인플러그에 인턴 두 명을 보내고 현장 실사를 나갔는데, 그때 ㈜코인플러그가 비트코인 거래소라는 것을 처음 알았고, 비트코인의 존재도 최초로 인지하게 되었다. 비트코인을 처음 본 느낌은 '이게 무슨 돈이란 말인가?'였다. 그리고 바로 부정해버렸다.

이후 정보보호 최고 전문가로서 대통령 특보를 하고 계시던 선배 교수님께 비트코인이 무엇이고 공부해보면 어떻겠

느냐고 여쭸더니, 깜짝 놀라시며 정색하고는 말씀하셨다.

"인 교수, 왜 비트코인을 공부하려고 해? 범죄자나 쓰는 것이니 관심 갖지 마, 위험해."

그 말을 듣고 의문이 생겼다. '비트코인이 무엇이기에 이렇게 말리시는 걸까?'

궁금증이 더해져서 더 열심히 공부했다. 인터넷에서는 비트코인을 두고 "디지털 화폐다", "금융의 혁명이다", "사기다", "범죄자만 쓰는 돈이다" 등 매우 상반된 이야기들이 떠돌아다니고 있어서 매우 혼란스러웠다. 그런데 그중에서도 내 호기심을 자극한 한 문장이 있었다.

> 비트코인은 은행 없이도 사용자들끼리 '직접' 돈을 주고받을 수 있는 전자 현금 시스템이다 A purely peer-to-peer version of electronic cash would allow online payments to be sent directly from one party to another without going through a financial institution.[9]

은행 없이 돈을 주고받는다고? 무슨 말일까? 우리가 평소 돈을 쓴다고 하면, 사실상 숫자를 옮기는 것이다. 계좌에서 계좌로, 카드에서 단말기로… 이 거래를 중개하는 것은 언제나 은행이나 카드사 같은 '신뢰받는 기관'이다. 그런데 이런 신뢰 기관 없이 금융 거래가 가능하다고? 만약 가능하다면 이는 매우 획기적인 기술임에 틀림이 없었다.

비트코인이 세상에서 각광을 받은 것은 2008년, 리먼브러더스 사태[10]로 전 세계 금융 시스템이 무너질 뻔했던 바로 그때다. 사람들은 이제 정부나 은행 간부의 말이 아니라 컴퓨터 코드와 수학을 믿기 시작했다. 비트코인 창시자 사토시 나카모토는 2009년 1월 3일 최초로 생성된 제네시스 블록에 다음과 같은 문장을 남겼다.

> 2009년 1월 3일자 〈더 타임스〉: 재무장관, 두 번째 은행 구제금융 직전에 The Times 03/Jan/2009 Chancellor on brink of second bailout for banks.

2008년 금융위기 직후였고, 영국 정부가 무너져가는 은행들을 살리기 위해 국민 세금으로 '두 번째 구제금융'을 준비하던 시기였다. 기존의 금융 시스템은 국민을 지키지 못한 채 무너지고 있는데, 비트코인은 정부나 은행에 의존하지 않고 새로운 통화를 만들어낸 것이다. 따라서 위의 한 문장은, 금융위기를 일으킨 원인이 은행과 정부라는 것을 분명히 지적하면서 중앙화된 은행과 정부를 대신할 수 있는 '대안 금융 시스템'을 세상에 제시한 것이었다.

그렇다면 비트코인의 핵심은 무엇일까? 바로 **탈중앙화된 신뢰 시스템**이다. 모든 거래는 전 세계 수만 대의 컴퓨터(노드)에 의해 공유되고 기록된다. 누구 하나가 조작한다고 해서 바뀌지 않고, 과반수 이상이 동의할 때만 장부가 경신된다. 그래서 사토시 나카모토는 은행이나 정부 없이도 신뢰할 수 있는 돈을 만들 수 있다고 주장했다.

그리고 이 시스템은 놀라울 만큼 잘 작동했다. 비트코인은 평균 10분마다 새로운 블록이 생성되며, 이 블록을 관리하기 위해 컴퓨터를 제공한 사람(채굴자)에게는 운영 인센티브로 일정한 수의 비트코인이 주어진다. 채굴자에게 지급되는 이 보상은 약 4년마다 절반으로 줄어들며, 총발행량이 고정되어 있다. 각국 정부에서 무한정 찍어내는 종이돈과는 차별화된다. 그래서 사람들은 비트코인을 점점 디지털 자산으로 여기며 '디지털 금'이라고 부르기 시작했다.

물론 여기까지 오는 길은 쉽지 않았다. 가격 폭등과 폭락,

수많은 해킹 사건, 범죄에 이용됐다는 오명, 각국 정부의 규제 움직임까지. 그럼에도 불구하고 비트코인은 살아남았다. 아니, 오히려 더 강해졌다. 왜일까? 사람들이 점점 깨달아갔기 때문이다. 이건 단지 돈의 디지털화가 아니라 신뢰의 디지털화라는 것을.

은행이 파산한 나라에서, 지갑에 든 지폐가 휴짓조각이 된 순간에, 우리는 무엇을 믿을 수 있을까? 모든 것이 무너지고 파괴된 전쟁 상태에서 무엇을 가지고 피난을 가야 할까? 누군가가 보증하는 돈이 아니라, 아무도 조작할 수 없는 기록으로 만들어진 돈. 바로 그 개념이 비트코인이다.

블록체인을 이해한다는 것은 단순히 암호화폐를 이해하는 것이 아니다. 그것은 기존 금융 질서에 대한 도전, 그리고 '신뢰란 무엇인가'에 대한 철학적 질문에 답하는 여정이다. 그리고 그 여정의 시작점에 선 이름, 그것이 바로 비트코인이다.

3
가짜 아닌 진짜 돈?
비트코인의 가치 비밀

나는 돈의 형태가 아날로그에서 디지털로 바뀌고 있다고 강하게 느낀다. 조개껍데기에서 시작해 금, 동전, 지폐 등으로 발전해온 아날로그 화폐에서 암호문 같은 문자열로 구성된 디지털 화폐로 빠르게 변환되고 있다.

앞으로 우리가 맞이할 새로운 금융 시대는, 비트코인의 세 가지 핵심 가치인 제한된 공급량(희소성), 탈중앙화(신뢰성), 블록체인(안정성)을 기반으로 기존 금융 시스템이 혁신되어 지금과는 매우 다른 모습으로 바뀔 것이다. 비트코인의 가치는 단순한 디지털 화폐로서의 기능을 넘어, 다양한 사회적·경제적 의미를 담고 있다. 그 가치는 어디에서 비롯되었을까? 그 배경을 좀 더 자세히 살펴보자.

첫 번째 가치, 희소성

비트코인은 전통적인 법정화폐와 달리 중앙은행이나 정부에 의해 발행되거나 관리되지 않으며, 그 공급량은 2140년까지 약 4년마다 발행량이 반으로 줄고, 총발행량이 2,100만 개로 고정되어 있다. 이는 매우 혁명적인 경제 개념이다.

화폐가 끊임없이 발행되어 인플레이션이 일어나고 구매력이 한도 없이 추락하고 있는 이 시대에 인플레이션에 대한 보호 장치로 작용할 수 있다. 요즘 비트코인이 '디지털 금'으로 불리는 이유다.

아래 [그림 1-4]는 미국 달러가 언제 얼마나 풀렸는지를 알 수 있는 M1 통화[11] 발행량 그래프다. 미국은 대략 100년 동안 1조 달러(한화 약 1,450조 원)를 풀었는데, 2008년 금융위기가 발생하면서 2010~2020년 10년 동안 3조 달러를 더

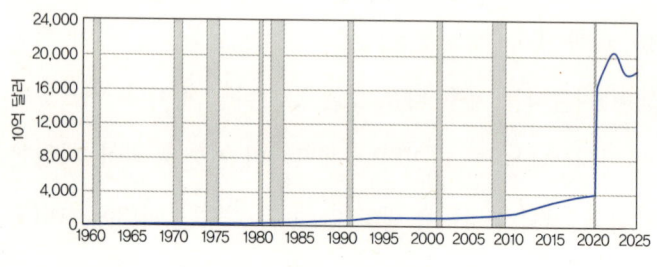

[그림 1-4] 미국의 달러 발행량[12]

풀었다. 2010년 전과 비교하면 돈 푸는 속도가 30배가량 빠르다.

그런데 더욱 놀라운 것은 2020년 이후다. 코로나19 팬데믹이 발생하면서 단 2개월 만에 12조 달러를, 2022년에는 총 21조 달러까지 돈이 풀렸다.

이렇게 돈이 급격하게 풀리면서 인플레이션이 나타났고, 많은 서민이 그로 인해 힘들어하고 있다. 사실 일부 지역에서는 아파트 가격이 세 배나 올랐는데, 이는 사실 자산 가치가 상승한 것이 아니라 돈이 너무 풀려서 실제 돈의 구매력이 3분의 1 토막이 난 것이다. 즉, 돈의 구매력이 그만큼 떨어졌다는 이야기다. 이 시기에 현금이나 3~5퍼센트 금리의 예금을 가지고 있던 사람은 그야말로 벼락거지가 되었다고 할 수 있다.

비트코인은 이와 반대다. 즉, 시간이 지날수록 발행량이 점점 줄어든다. 처음에는 10분에 50BTC[13]씩 발행되다가 약 4년이 지나면(정확히는 21,000블록마다, 1블록이 생성되는 데 대략 평균 10분이 걸림) 10분에 25BTC가 발행된다. 이를 반감기(발행량이 반으로 준다고 해서)라고 한다. 또 약 4년이 지나면 다시 반으로 줄어서 10분에 12.5BTC만 발행된다. 이를 그래프로

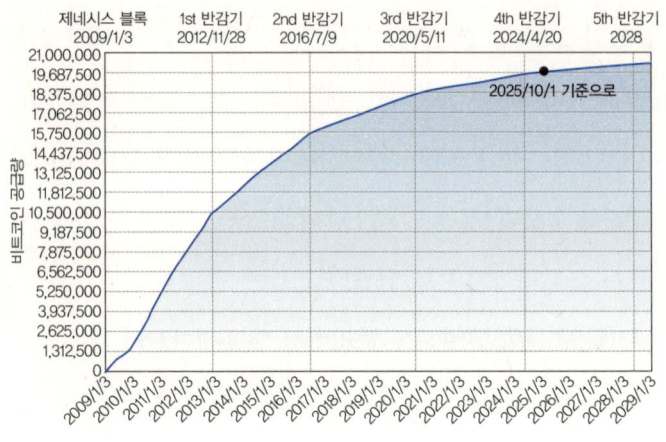

[그림 1-5] 21,000,000개로 제한된 비트코인의 발행량[14]

나타내면 [그림 1-5]와 같다.

즉, 첫 번째 반감기가 2012년 11월 28일에 이루어졌고 총발행량 2,100만 개 중 50퍼센트인 1,050만 개가 채굴되었다. 두 번째 반감기는 2016년 7월 9일에 이루어졌는데, 첫 번째 반감기 이후 발행량이 반으로 줄어서 25퍼센트가 더 채굴되었다. 총량으로는 75퍼센트가 채굴되었다. 세 번째는 12.5퍼센트, 네 번째는 6.25퍼센트가 더 발행되어 총 93.75퍼센트(약 1,969만 개)가 채굴되었다. 앞으로 2140년까지 계속 반으로 줄면서 6.25퍼센트(약 131만 개)만 더 발행되면 총 2,100만 개가 채워지기 때문에 더 이상 발행이 되지 않는 디플레이션 화폐인 것이다.

그렇다 보니 시간이 지날수록 희소성은 더 커지고 그에 따라 가격이 올라서 화폐보다는 자산의 성격이 강해졌다. 즉, 화폐의 교환 가치보다는 자산의 저장 가치가 더 커진 것이다.

예를 들어보자. 2010년 피자데이 때 피자 두 판 값(25달러)으로 비트코인 1만 개를 받아서 지금까지 쓰지 않고 저장했다면 현재 그 가치는 무려 1조 5,000억 원(2025년 10월 기준) 정도이다. 즉, 약 3만 원을 주고 산 비트코인이 15년 후에 1조 원이 넘는 자산으로 불어난 것이다. 이러니 누가 비트코인을 지불 결제 수단으로 쓰려고 하겠는가? 그냥 가지고 있기만 하면 부자가 되는데 말이다. 그래서 화폐 기능보다는 자산의 기능을 하게 된 것이다.

두 번째 가치, 탈중앙화된 신뢰성

비트코인은 전 세계 수천수만 대의 컴퓨터로 구성된 탈중앙화 네트워크에서 작동되었다. 이 네트워크는 중개자 없이 거래를 검증했고, 모든 거래 내역을 투명하게 기록했다. 이런 신뢰 기반 시스템은 비트코인이 가치 있는 자산으로 자리 잡는 데 중요한 역할을 했다. 중앙은행이나 금융기관에 대한 신뢰가 흔들리는 상황에서, 비트코인은 독립적이고 안정적인 가치 저장 수단으로 인식되었다.

자세히 설명하면 이렇다. 비트코인 같은 블록체인은 전통적인 중앙화 데이터베이스 시스템과 다르다. 즉, 중앙 서버에 모든 데이터를 저장하고 관리하는 것이 아니라 전 세계의 블록체인으로 운영되는 여러 서버(노드 또는 컴퓨터)에 동일한 데이터 사본을 복사해놓고 서로 검증함으로써 데이터의 위변조를 방지하는 시스템이다. 이를 탈중앙화 시스템이라고 한다.

한국에 있는 앨리스가 아프리카에 있는 친구 밥에게 10달러를 보내고자 할 때, 실제로 10달러를 들고 아프리카로 날아가서 전달하는 것이 아니다. [그림 1-6]을 보자. 왼쪽의 중앙집중형 네트워크에서는 앨리스의 통장에서 10달러를 빼고 밥의 통장에 10달러를 더해주는 식으로 부를 이전시킨다. 즉, 거래 장부의 조작으로 부의 이전 효과를 일으키는 것인데, 아무나 이 거래 장부를 조작하면 안 되므로 중앙의 컴퓨터에 이 장부를 넣고 철통같이 지켜내는 것이 기존의 전통 금융 시스템이다.

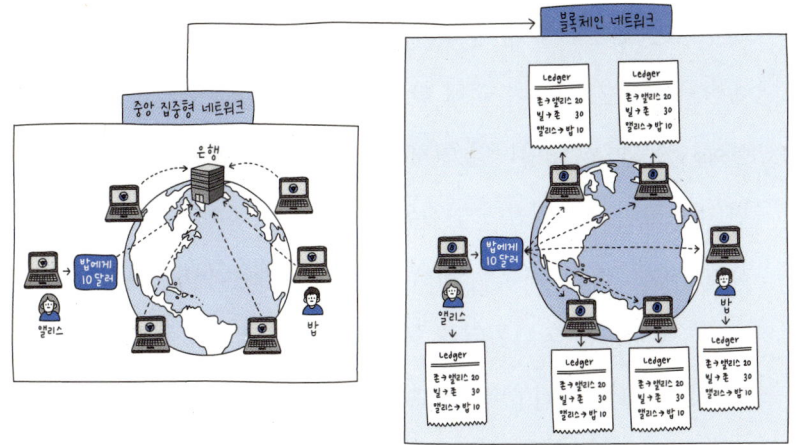

출처: https://www.ybrikman.com/blog/2014/04/24/bitcoin-by-analogy/

[그림 1-6] 블록체인 기반 비트코인의 작동 원리

반면, 오른쪽의 블록체인 네트워크에서는 이런 장부를 특정한 기관이나 주체에 의해 관리되는 중앙화 컴퓨터가 아니라 전 세계의 수많은 컴퓨터가 관리한다. 누구나 자기 컴퓨터에 장부 관리 프로그램(채굴 프로그램)을 다운로드받아 실행하면 된다. 비트코인 발행 첫날부터 지금까지 운영한 모든 장부를 다운로드받고 새로운 트랜잭션인 '보낸 사람: 앨리스, 받는 사람: 밥, 금액: 10달러'를 모든 컴퓨터에 복사해 서로 맞는지 검증한다.

이때 해커가 한 컴퓨터를 해킹해 10달러가 아니라 100달러로 위변조해도 다른 수많은 컴퓨터에는 10달러로 되어 있어서 위변조 사실이 금세 탄로나며, 대다수 컴퓨터의 장부에 있는 기록 10달러만 인정한다. 따라서 위변조를 하려면 비트코인 네트워크에 연결된 대부분의 컴퓨터를(더 정확히 표현하면 51퍼센트 이상의 컴퓨팅 능력을) 장악해야 한다. 하지만 전 세계의 슈퍼컴퓨터를 동원해도 비트코인의 컴퓨팅 능력을 능가해 과거부터 지금까지의 모든 장부를 위변조하기는 사실상 불가능하다. 그만큼 많은 컴퓨터가 서로 검증하며 장부에 대한 신뢰를 쌓아놓았기 때문이다.

세 번째 가치, 유용성과 안정성

비트코인은 전 세계 어디서나 빠르고 저렴하게 송금할 수 있는 수단을 제공했다. 사용자들은 자신의 스마트폰에서 비트코인 지갑 앱을 통해 상대방 스마트폰의 비트코인 지갑 앱으로 직접 비트코인을 주고받을 수 있다. 이 중간 과정에서 은행이나 카드회사 같은 중앙화된 중개자는 필요 없다. 즉, 우리가 이메일을 시간과 공간에 구애받지 않고 자유롭게 보내듯이 비트코인도 전 세계 '어디든, 누구에게든, 언제든' 중개자 없이 보낼 수 있는 것이다. 이는 과히 금융 거래의 혁명과 같다. 은행에 가서 미국 친지에게 100달러라도 보내본 적이 있는 독자는 이것이 얼마나 시간과 비용을 아끼는 편리한 방법인지 알 것이다. 서류 작성에만 한 시간이 걸리는 작업이 한 손가락 안에서 끝나다니, 정말 놀라운 일이다.

혹자는 비트코인은 코드가 공개돼 누구나 만들 수 있기 때문에 가치가 없다고 말한다. 이는 하나만 알고 둘은 모르는 소리다. 내가 카톡보다 뛰어난 메타버스 기반의 SNS를 만들 수 있다 해도 사람들이 사용하도록 하기는 매우 어렵고 막대한 비용이 든다. 초기에는 메시지를 주고받을 사람이 제한되어 확산하기가 쉽지 않다.

비트코인의 진정한 가치는 사용자 기반에서 비롯된다. 더 많은 사람이 쓰고, 믿고, 보유하려 할수록 네트워크 효과가 발생해 가치가 높아진다. 이는 인터넷이 초창기에는 주목받지 못하다가 사용자가 늘어나면서 생태계와 인프라가 구축된 과정과 닮았다. 비트코인 역시 참여자가 늘어날수록 네트워크의 안정성과 신뢰성이 더욱 공고해지고, 그것이 다시 가격과 가치를 끌어올리는 선순환이 형성된다.

또한 비트코인은 암호학적 기법을 사용해 안전성을 보장

했다. 거래 내역은 해시함수 알고리즘에 의해 암호화되었으며, 개인 키와 공개 키 체계를 통해 사용자들이 자신의 비트코인을 안전하게 관리할 수 있다. 이런 암호화 방식 덕분에 비트코인은 높은 수준의 보안을 유지했으며, 사용자가 자신의 비트코인을 완전히 통제할 수 있는 자율성을 제공했다.

이것이 가능한 이유는, 모든 거래는 누구나 접근할 수 있지만 위변조가 어려운 데이터베이스, 즉 블록체인에 기록되었으며, 모든 네트워크 참여자가 해당 거래 내역을 확인할 수 있기 때문이다. 이를 통해 비트코인은 전통적인 금융 시스템이 제공하지 못하는 투명성과 보안성을 확보했다.

비트코인에 대한 인식의 변화

비트코인이 처음 등장했을 때 많은 사람이 그 개념을 이해하지 못했으며, 그 가치를 인정하지 않았다. 비트코인은 무형의 디지털 자산이었고, 중앙기관이나 정부의 보증이 없는 화폐였으므로 기존 통화의 개념과 완전히 달랐다.

초기 주요 비평가들은 비트코인을 일시적인 유행으로 여기거나 범죄 활동에 사용될 위험한 기술로 간주했다. 특히 초기에는 다크웹 등 불법 활동에 연루된 사례가 많아 이미

지가 매우 부정적이었다.

그러나 시간이 지나면서 비트코인은 점차 기술적 가능성을 인정받기 시작했다. 특히 2013년 키프로스 금융위기 당시 많은 키프로스 국민이 자산 보호를 위해 비트코인을 구매하면서 가격이 급등했다. 이 사건은 비트코인이 전통 금융 시스템에 대한 대안으로서 실질적 가치를 가질 수 있음을 처음으로 보여주었다.

비트코인에 대한 인식은 2017년에 또 한 번 급격히 변화했다. 그해 비트코인의 가격이 급격히 상승하면서 전 세계적으로 주목을 받게 되었고, 많은 개인 투자자가 비트코인에 투자하기 시작했다. 이에 따라 비트코인 가격이 사상 최고치를 기록하면서 전통 금융기관들도 비트코인을 무시할 수 없게 되었다.

2017년 이후 비트코인에 대한 인식은 크게 달라졌다. 이전에는 단순히 투기적 자산이나 위험한 도박으로 보았던 금융기관들이 점차 비트코인을 진지하게 고려하기 시작했다. 2020년 코로나19 팬데믹 이후 중앙은행들이 대규모 통화 완화 정책을 펼치면서 인플레이션 우려가 커짐에 따라 비트코인은 디지털 금으로서의 역할이 더욱 부각되었다. 나아가

많은 대형 기관 투자자가 비트코인을 포트폴리오에 넣기 시작하면서 비트코인의 신뢰성과 안정성은 더 높아졌다.

이제 비트코인은 단순한 디지털 자산을 넘어 글로벌 경제에서 중요한 위치를 차지하게 되었다. 오늘날 비트코인은 가치 저장 수단, 결제 수단, 그리고 금융 시스템의 혁신적 대안으로 인식되고 있다. 이런 인식의 변화는 비트코인의 기술적·경제적·사회적 가치가 점차 인정받으면서 지속적으로 성장하고 발전하는 발판이 되었다.

4
비트코인은 금융산업을 어떻게 바꾸는가?

비트코인은 단순히 디지털 형태의 돈이 아니다. 그것은 우리가 익숙하게 여겨온 '금융'이라는 개념 자체에 근본적인 질문을 던졌고, 이제는 그 구조를 다시 짜는 중이다. 사람들이 인터넷 시대에 돈을 어떻게 만들고, 어떻게 저장하고, 어떻게 교환할지 새롭게 설계할 수 있다는 가능성을 보여준 첫 번째 사례가 바로 비트코인이었다.

가장 먼저, 금융의 탈중앙화라는 거대한 물결을 촉발시켰다. 기존 금융 시스템은 중앙집중적이다. 중앙은행이 돈을 찍고, 시중 은행이 대출과 예금을 관리하며, 결제는 카드사나 핀테크 기업이 맡는다. 이 시스템은 오랫동안 신뢰를 유지해왔지만, 동시에 중앙화된 힘이 금융을 통제한다는 구조적인 위험도 함께 내포하고 있었다. 한 은행이 무너지거나 한 정부가 위기를 맞으면 전체 시스템이 흔들리는 것이다. 아울러 각국이 전쟁을 하거나 적대적으로 변하면 이들 나라 간의 송금은 매우 어려워진다. 실제로 우크라이나-러시아 전쟁 당시 국제 송금망SWIFT에서 러시아가 배제되며 금융 시스템이 흔들리는 장면을 우리는 직접 목격했다.

비트코인은 중앙화된 금융 권력 체계에 반기를 들었다. 누구나 참여할 수 있는 네트워크, 누구도 독점하지 않는 거래 기록, 그리고 누구도 조작할 수 없는 데이터. 이 시스템은 기존 금융의 '신뢰 기반'을 완전히 재정의했다. 사람은 실수하고, 권력은 부패할 수 있지만, 코드와 수학으로 짜인 블록체인은 항상 같은 방식으로 작동한다. 누가 따로 관리를 하지 않아도 된다. 그 자체로 돌아간다. 그 자체로 중립이다. 이것이 바로 비트코인이 가져온 가장 본질적인 혁신이다. 신뢰의 기반이 사람에게서 컴퓨터 시스템으로 옮겨간 것이다.

또한 국제 송금 시스템의 판을 뒤흔들었다. 전통적인 방식으로 해외 송금을 해본 사람이라면, 시간이 얼마나 걸리고 수수료가 얼마나 높은지 잘 알 것이다. 게다가 은행 영업

시간 외에는 거래가 지연되고, 공휴일이나 주말에는 대기해야 한다. 하지만 비트코인에는 국경도, 시간도 없다. 인터넷만 있다면, 스마트폰 하나로 지구 반대편으로도 단 몇 분 만에 자산을 전송할 수 있다.

예를 들어보자. 한국에서 일하고 있는 딸이 필리핀에 있는 어머니에게 생활비를 송금하고자 한다. 기존 시스템이라면 송금 수수료만 30~50달러에 달한다. 게다가 송금이 완료되기까지 1~3일이 소요된다. 그러나 비트코인을 이용한다면 이야기는 달라진다. 비트코인 메인 네트워크를 이용할 경우 수수료는 1~5달러 수준으로 낮출 수 있고, 시간은 30분~1시간 이내로 줄어든다. 여기에 라이트닝 네트워크Lightning Network[15] 기술을 활용하면 수수료는 0.01달러 이하로 줄어들고, 시간도 수초에서 수분 이내로 단축된다. 이것은 단순히 기술의 진보를 넘어, 해외 송금의 비용 구조와 시간 개념 자체를 바꾸는 변화이며, 이주 노동자와 글로벌 가족들에게 실질적인 도움을 줄 수 있는 혁신이다.

개인을 넘어서 국가 경제가 해외 송금에 의존하는 엘살바도르에서는 비트코인이 경제 안정성 강화와 국민 생활 향상에 실질적으로 기여하고 있다. 엘살바도르는 전체 GDP의

24퍼센트인 약 81억 8,200만 달러(2023년 기준)가 송금액이다. 전통적인 송금 방식은 평균 200달러 송금 시 약 2.9퍼센트, 즉 약 5.80달러를 수수료로 지불한다. 연간 3억 7,900만 달러에 달하는 국가적 비용인 셈이다.[16] 하지만 비트코인의 라이트닝 네트워크를 활용하면 거의 제로에 가까운 비용으로 초고속 송금이 가능하며, 이로써 전통적 다국적 은행들이 가져가던 막대한 수수료를 자국 내에 남겨 국가 경제에 실질적 혜택을 제공할 수 있다. 엘살바도르의 나이브 부켈레 대통령은 이런 다국적 금융기관으로부터 경제적으로 독립하기 위해 비트코인이 반드시 필요하다고 역설하기도 했다.[17]

아울러 비트코인은 자산의 개념을 확장시켰다. 예전에는 돈이란 '사용하는' 것이었다. 소비하거나, 저축하거나, 투자하거나. 하지만 비트코인은 그 자체가 하나의 자산이 되었다. 시간이 지날수록 가치가 상승할 수 있고, 제한된 공급량 덕분에 디지털 금처럼 인플레이션 방어 기능도 있다.

무엇보다 비트코인은 금융산업에서 혁신을 촉진하는 촉매제 역할을 했다. 블록체인 기술과 암호화폐의 성공은 전통 금융기관들이 새로운 기술을 받아들이고 디지털 혁신을 추진하게 만들었다. 특히 중앙은행 디지털 화폐CBDC, Central Bank Digital Currency에 불을 붙였다. 처음에는 비트코인을 두려워하던 국가들이 이제는 오히려 그 기술을 활용해 디지털 화폐를 발행하려 하고 있다. 유럽 중앙은행은 디지털유로를, 중국은 디지털위안화를 시범 운영하고 있다. 한국도 디지털원화의 가능성을 테스트 중이다. 그 출발점에는 비트코인이 있다. 비트코인은 각국 정부에 새로운 시대의 통화를 상상할 수 있는 계기를 제공했다.

이처럼 비트코인은 금융 포용성 측면에서 중요한 역할을 했다. 전통 금융 시스템에 접근하기 어려운 사람들, 예를 들어 개발도상국의 미금융 인구에게 금융 서비스에 접근할 수 있는 새로운 길을 열어주었다. 스마트폰과 인터넷만 있으면 누구나 비트코인을 통해 금융 거래를 할 수 있으며, 전통적인 은행 계좌 개설이 어려운 환경에서도 금융 서비스를 이용할 수 있도록 했다.

5
미국은 왜 비트코인을
국가 전략 자산으로 삼았나?

비트코인이 단지 '투자 자산'이나 '결제 수단'이라는 틀을 넘어서 이제 '국가 전략 자산'으로 주목받고 있다면 믿겠는가? 실제로 2020년대 중반 이후 여러 국가가 비트코인을 포함한 디지털 자산에 대해 전례 없는 관심을 보이고 있다. 그리고 그 중심에는 놀랍게도 미국, 그중에서도 도널드 트럼프 대통령이 있다.

도널드 트럼프는 한때 비트코인을 공개적으로 비난하던 정치인이었다. 2019년에는 "나는 비트코인을 좋아하지 않는다. 그것은 돈이 아니다"라고 언론 인터뷰에서 밝히기도 했다.[18] 그런 그가 2025년 대통령직에 복귀한 이후 입장을 180도 바꿨다. 이제는 미국이 디지털 자산의 글로벌 패권을 잡아야 한다면서, 비트코인을 포함한 디지털 자산을 '전략 비축물strategical stockpile'로 지정하겠다고 선언한 것이다.[19] 이는 단순한 정치적 제스처가 아니다. 금융과 기술, 국제 질서의 판이 바뀌고 있음을 시사하는 장면이다.

트럼프는 대통령 재선 직후, 바이든 정부 시절 발표됐던 디지털 자산 규제안을 폐기하고 새로운 행정명령을 내렸다.[20] 그 핵심은 세 가지다. 첫째, 미국 연방정부는 중앙은행 디지털 화폐 발행을 고려하지 않겠다는 것. 둘째, 달러 기반 스테이블코인을 전략적으로 육성하겠다는 것. 셋째, 비트코인을 포함한 디지털 자산을 미국의 전략 자산으로 보고, 관련 규제 완화 및 세제 혜택을 검토하겠다는 것.

이 선언은 곧바로 시장에 반영되었다. 미국 내 비트코인 채굴 기업들의 주가가 일제히 상승했고, 블랙록 같은 자산 운용사들의 비트코인 ETF가 날개 돋친 듯 팔려나갔다. 그야말로 '정책 기반 랠리'가 시작된 것이다.

왜 이런 변화가 일어났을까? 무엇이 트럼프의 입장을 바꿔놓았을까? 미국은 디지털 자산이라는 새로운 기술 질서에서 뒤처지는 것이 국가 전략적으로 큰 위험이라고 판단했기 때문이다. 중국은 이미 디지털위안화를 통해 새로운 글로벌 지급 결제 네트워크를 만드는 중이고, 유럽도 디지털유로 개발에 속도를 내고 있다. 미국이 디지털 자산을 규제만 하다가는 새로운 국제 질서에서 밀릴 수 있는 것이다. 이러한 배경에서 '디지털 자산 패권론'이라는 새로운 담론이 등장했다.

실제로 트럼프는 "비트코인의 가격이 정말 '달로 갈' 수 있다면, 미국이 그 길을 주도하는 나라가 되어야 한다"라면서, 미국이 비트코인과 디지털 자산 분야에서 세계를 선도해야 한다는 입장을 밝혔다.[21]

그렇다면 이 변화가 대한민국에는 어떤 시사점을 줄까? 정부는 더 이상 디지털 자산을 단지 '규제 대상'이나 '사기 위험 자산'으로만 바라봐선 안 된다. 세계 최대 경제국이 전략 자산으로 바라보는 영역을 우리가 마냥 뒤에서 따라가기만 해서는 안 된다. 오히려 선제적으로 산업을 육성하고, 기술력과 인프라를 갖춘 기업들이 글로벌로 뻗어나갈 수 있도록 제도적 기반을 마련해야 한다.

나아가 원화 기반의 스테이블코인 발행과 활용에 보다 적극적인 입장을 취해야 한다. 미국이 달러 스테이블코인을 무기화하고 있는 지금, 디지털 시대의 통화 경쟁은 이미 시작되었다. 이 흐름을 외면하거나 늦춘다면, 원화의 통화 주권을 점차 상실하는 상황을 맞이할 수도 있다.

디지털 경제의 기반이 달러 중심으로 재편된다면, 한국 경제 역시 그 영향력에서 자유로울 수 없다. 원화가 글로벌 결제 및 투자 수단으로서의 입지를 잃는 순간, 통화 주권은 서서히 약화될 수밖에 없다. 따라서 국가 차원에서 원화 스테이블코인 발행을 검토하거나 민간이 참여할 수 있도록 제도를 정비해야 한다.

이제 디지털 자산은 단지 새로운 투자 수단을 넘어, 통화 주권과 외환 정책의 축으로 부상하고 있다. 외환보유고 구성의 다변화도 진지하게 고민해야 할 시점이다. 엘살바도르가 전격적으로 비트코인을 법정화폐로 채택했을 때, IMF는 경고했고 많은 국가가 고개를 저었다. 그러나 2024년 기준, 엘살바도르는 비트코인 보유를 통해 상당한 자산 가치를 확보했고, 이로 인해 디지털 자산을 포함하는 외환 구성 전략이 국제적 논의 주제로 떠오르고 있다.

만약 한국은행이 외환보유고의 1퍼센트를 비트코인으로 전환했다고 발표한다면 어떤 반응이 나올까? 물론 엄청난 논쟁이 뒤따르겠지만, 한편으로는 '드디어 우리도 변화의 흐름에 탑승했구나' 하는 안도감을 느낄 수도 있다.

미국의 디지털 자산 정책 전환은 단순한 입장 변화가 아니다. 그것은 금융과 기술, 국가 전략이 만나는 지점에서 새로운 질서가 태동하고 있다는 신호다. 대한민국도 더 이상 뒤에서 관망할 시간이 없다. 지금이야말로 디지털 자산을 전략적으로 바라보고, 금융과 기술이 만나는 교차로에서 우리의 미래를 설계할 타이밍이다.

2장

돈의 진화,
아날로그에서 디지털로

1
스마트 컨트랙트, 계약이 자동으로 실행된다

"계약서를 썼는데도 왜 사기를 당한 것일까?"

한 지인의 경험담이다. 인터넷 중고거래로 최신 휴대폰을 싸게 판다고 해서 돈을 먼저 보냈는데, 바로 연락이 끊겼다는 것이다. 경찰에 신고했지만 몇 달이 지나도록 처리는 더디고, 결국 돈도 휴대폰도 돌아오지 않았다. 계약서도 분명히 작성했고, 주고받은 문자도 명백하게 남아 있었는데 말이다.

왜 이런 일이 반복될까? 인터넷상에서는 서로 얼굴을 보거나 신분을 확인할 수 없어서 사실상 신뢰하기가 쉽지 않다. 물건을 먼저 보냈는데 돈을 받지 못하거나, 돈을 먼저 보냈는데 물건을 받지 못하는 경우가 많다.

모두 신뢰의 문제다. 그래서 인터넷상 거래에서는 믿을 수 있는 아마존이나 쿠팡 같은 중개인이 필요하다. 이들이 먼저 돈을 받아 예치하고 나중에 물건이 전달되었음을 확인한 다음 판매자에게 주는 방식이다. 그런데 우리는 이 중개자들을 정말 믿을 수 있을까?

2024년 7월 티몬과 위메프는 약 1조 2,000억 원에 이르는 대규모 미정산금(입점 업체에 지급하지 못한 판매대금) 사태로 심각한 유동성 위기를 겪었고, 그 결과 기업회생 절차를 신청했다.[1] 게다가 중개수수료는 많은 입점 업체를 힘들게 하고 있다.

중개자 없이 신뢰 문제를 해결할 수 있을까?

이런 의문에서 출발한 기술이 있다. 바로 이름도 스마트한 '스마트 컨트랙트'다. 블록체인의 핵심 기술로, 중개인 없이 '특정 조건이 충족되면 자동으로 실행되는 디지털 계약'이다. 마치 프로그래밍된 로봇 판사가 지켜보다가, 조건이 맞으면 즉시 약속을 이행해주는 셈이다. 이를 통해 서로 모르는 사람들도, 상대방을 믿지 않고도 거래할 수 있게 되었다.

컴퓨터과학자 닉 사보 Nick Szabo는 자판기를 스마트 컨트랙트의 원형으로 비유했다. 자판기에 동전을 넣으면 정해진 상품이 나오는 원리처럼, 스마트 컨트랙트도 미리 정해둔 조건과 결과로 작동한다. 즉, 자판기는 '돈을 넣으면(조건) 음료수가 나온다(계약 이행)'는 단순한 약속을 실행한다. 이 과정에 가게 주인이 필요 없고, 서로 속일 수도 없다.

스마트 컨트랙트도 마찬가지다. 'X라면 Y를 실행한다'는 규칙이 코드로 기록되어 블록체인에서 자동으로 실행된다. 누구도 중간에 임의로 바꾸거나 취소할 수 없어 약속은 컴퓨터 프로그램에 의해 반드시 지켜진다.

1994년 닉 사보가 처음 제안한 이 스마트 컨트랙트 개념은 20여 년 후에 젊은 개발자 비탈릭 부테린에 의해 블록체

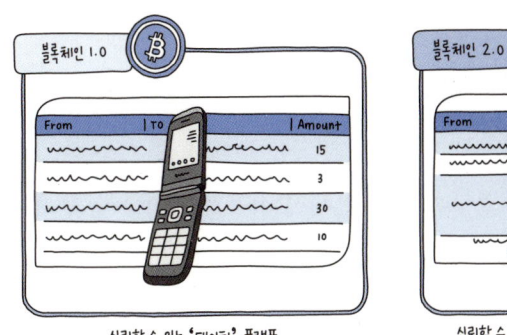

신뢰할 수 있는 '데이터' 플랫폼

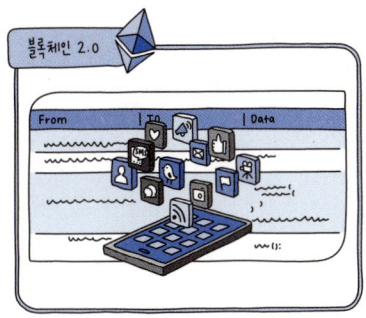

신뢰할 수 있는 '프로그램' 플랫폼 = 스마트 컨트랙트

[그림 2-1] 블록체인의 진화, 데이터 기반에서 프로그램 기반으로

인 기반의 차세대 플랫폼 '이더리움'으로 현실이 되었다.

이더리움의 원리는 비트코인에서 사용하는 블록체인 원리와 같다. 즉, 비트코인은 "X 계좌에서 Y 계좌로 Z개의 비트코인을 보냈다"라는 트랜잭션 데이터를 여러 컴퓨터 노드에 복제해서 서로 검증해 위변조하지 못하도록 한 것이라면([그림 2-1] 왼쪽 참조), 이더리움은 데이터 대신 프로그램을 여러 컴퓨터 노드에 복제해서 서로 검증해 위변조하지 못하게 한 것이다([그림 2-1] 오른쪽 참조).

여기에 사용한 프로그램을 코드로 자동화된 계약인 스마트 컨트랙트라고 부른다. 즉, 비트코인이 '신뢰할 수 있는 데이터 플랫폼'이라면, 이더리움은 '신뢰할 수 있는 프로그램 플랫폼'인 것이다.

스마트 컨트랙트가 왜 중요할까?

우리는 늘 '신뢰'를 위해 중개자에게 의존해왔다. 변호사, 은행, 보험사, 심지어 정부까지. 그런데 중개자가 없어도 신뢰를 보장해주는 시스템이 있다면, 혁명적이지 않은가? 이제 누가 약속을 어길까 걱정하지 않아도 된다. 약속은 코드로 고정되어 있고, 그 코드는 블록체인에 올라가서 아무도 위

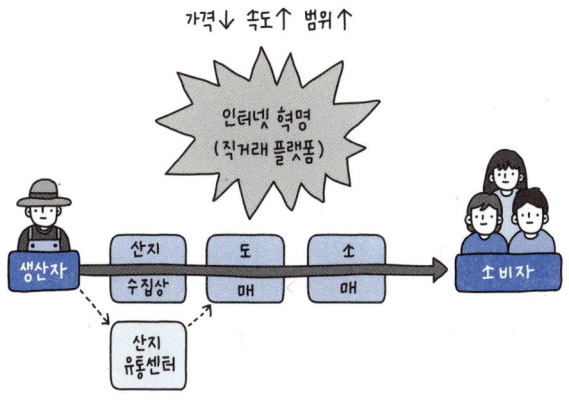

[그림 2-2] 인터넷 혁명으로 생산자-소비자 직거래 플랫폼 출현, 중개 없는 유통의 시작

변조하지 못하고 그대로 실행된다. 즉, 중개자가 더 이상 필요 없는 세상이 된 것이다.

인터넷 유통 혁명은 어떻게 시작되었을까? 내가 보기에, 그 핵심은 생산자와 소비자 사이에 자리 잡은 산지 유통센터, 수집상, 도·소매상 등 수많은 중개 단계를 과감히 없앤 데 있다. 이베이와 아마존 같은 인터넷 직거래 플랫폼이 등장하면서 생산자와 소비자가 곧바로 연결되었고, 그 결과 중개수수료가 줄어 가격은 떨어지고 거래 속도는 빨라졌으며, 시장 범위는 국내를 넘어 글로벌로 확장되었다.

이와 마찬가지로 스마트 컨트랙트가 우리 생활에 적용되

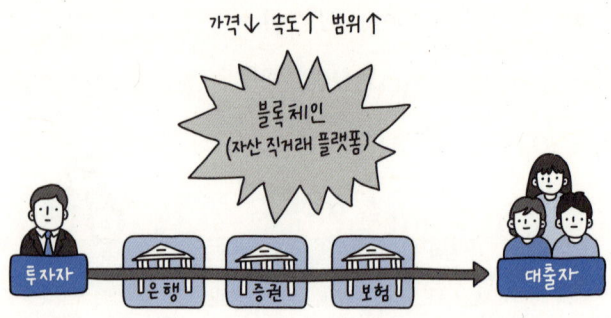

[그림 2-3] 블록체인 기반 자산 직거래 플랫폼의 등장으로 열리는, 중개 없는 금융 시대

면 제일 먼저 우리의 금융 생활이 바뀔 것이다. 기존에는 투자자와 대출자 사이에 [그림 2-3]과 같이 은행이라는 중개자가 있었다. 투자자(예금자)에게는 이자를 적게 주고 대출자에게는 높은 이자를 부과해 그 이자 차이(예대마진)로 중개자는 수익을 얻는다.

그러나 스마트 컨트랙트가 투자자와 대출자 사이의 계약을 프로그램으로 자동화하고 블록체인으로 더 이상 위변조하지 못하고 그대로 실행되도록 한다면 더 이상 중개자인 은행에 의존할 필요가 없다. 즉, '은행 없는 은행 서비스banking without banks' 실현이 가능하게 된 것이다. 이로써 중개수수료가 없어져 가격은 내려가고, 속도는 인터넷 속도로 매우 빠르며, 범위는 국내를 넘어서 글로벌하게 확장될 수 있다. 나는 앞으로 이베이와 아마존 같은 인터넷 유통 혁명 기업이 나온 것처럼 블록체인 기술로 디지털 자산 직거래 플랫폼이 나올 것을 확신한다.

2
중개인 없이 거래하는 세상이 온다

스마트 컨트랙트를 어디에 어떻게 사용할 수 있을까? 먼저 금융산업에서 스마트 컨트랙트 사용 상황을 살펴보고 부동산, 보험 등으로 확대해보자.

은행 없이 돈 거래가 가능할까?

금융 거래를 할 때 우리는 보통 은행 같은 신뢰할 만한 중개자를 필요로 한다. 하지만 스마트 컨트랙트를 활용하면, 은행을 통하지 않고도 안전하게 돈 거래를 할 수 있다.

크라우드펀딩(대중 투자)을 예로 들어보자. 어떤 학생 동아리가 새로운 프로젝트 자금을 모은다고 할 때, 기존에는 중개 플랫폼을 통해야 했다. 그러나 스마트 컨트랙트로 크라

우드펀딩을 하면 과정 자체가 투명해진다. 다음의 내용을 코드에 담아두는 것이다.

"목표 금액이 달성되면 자동으로 모인 돈을 전달하고, 목표를 못 채우면 투자자들에게 환불한다."

그러면 모든 참여자의 돈은 일단 블록체인에 안전하게 보관된다. 이 자금은 거래 조건이 충족될 때까지 스마트 컨트랙트에 의해 잠겨 있으며, 누구도 임의로 인출하거나 조작할 수 없다.

또 다른 예를 들어보겠다. 학교에서 졸업앨범 제작 비용을 모은다고 해보자. 스마트 컨트랙트에 다음의 규칙을 코딩해둔다.

"한 달 내에 100명이 참가비를 내면 앨범 제작사에 돈을 보내고, 그렇지 않으면 자동 환불한다."

그러면 참가자들은 돈을 떼일 걱정 없이 안심하고 입금할 수 있다. 목표 인원이 충족되면 스마트 컨트랙트가 바로 제작사에 대금을 보내고, 실패하면 각자 낸 돈을 자동으로 돌려준다. 이 과정에서 은행이나 학교 회계 담당자가 따로 검증하거나 수작업할 필요가 없다. 결과는 모두 블록체인에 기록되어 누구나 확인할 수 있으니 투명성도 제고된다.

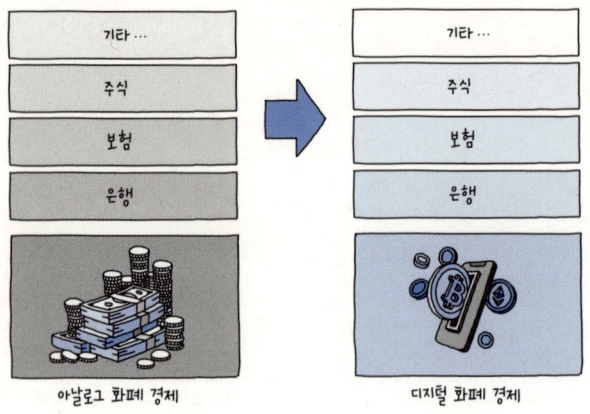

[그림 2-4] 화폐 경제 시스템의 아날로그에서 디지털로의 전환

[그림 2-4]의 왼쪽을 보면, 기존의 아날로그 화폐 위에 은행, 보험, 주식, 기타 파생상품 등이 운영되고 있다. 그러나 스마트 컨트랙트의 디지털 화폐로 바뀌면 그 위에서 운영되는 은행, 보험, 주식, 기타 파생상품의 구조가 완전히 달라진다.

그렇다면 이 둘은 어떻게 다른가? 기존 아날로그 화폐 경제는 B2B business-to-business, B2C business-to-customer 등 중간에 중개자인 B가 반드시 있었다. [그림 2-5]의 왼쪽을 보면 가운데에 은행이 보이는 이유다. 그러나 스마트 컨트랙트의 디지털 화폐 경제로 바뀌면 가운데 B가 사라지고

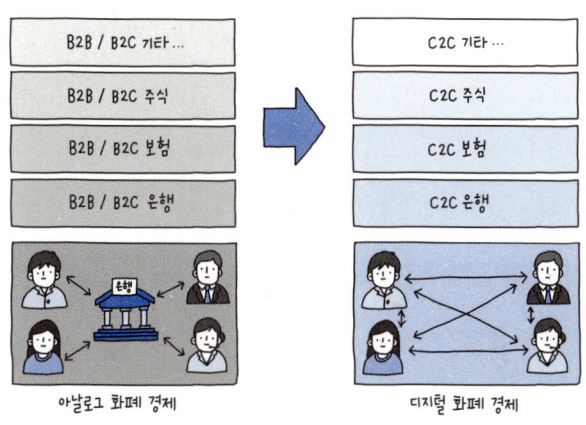

[그림 2-5] 중개자 중심의 아날로그 금융에서 개인 중심의 디지털 금융으로의 전환

C2C customer-to-customer가 된다. 중간에 아무도 없는 직거래 플랫폼이 되어 시간이 절약되고 범위는 전 세계로 확대되며 수수료는 저렴해질 수밖에 없다. 이것이 바로 '은행 없는 은행 서비스'다. 앞으로 이런 스마트 컨트랙트로 금융산업이 혁신적으로 바뀔 것이다.

부동산 거래에 중개인이 필요 없다면?

집이나 땅을 사고파는 부동산 거래에서는 보통 신뢰할 수 있는 공인중개사나 공증인이 필요하다. 집을 파는 사람은 돈을 받기 전에 등기를 넘기기가 불안하고, 사는 사람은 등기를 받기 전에 돈을 보내는 것이 걱정되기 때문이다.

스마트 컨트랙트를 이용하면 이런 딜레마를 단순하게 해결할 수 있다. 계약 조건 코드를 "구매자가 정해진 금액을 송금하면 자동으로 집 소유권을 디지털 등기로 이전한다"로 작성해두면 된다. 이 계약은 블록체인에 올라가 있어 누구도 중간에 계약 내용을 위조하거나 취소할 수 없다.

한발 더 나아가서, 집문서를 NFT non-fungible token(대체 불가능 토큰) 같은 디지털 자산으로 만들어 스마트 컨트랙트와 연동하면 어떨까? 철수와 영희가 집을 직거래한다고 가정해보자. 스마트 컨트랙트가 철수의 집 소유권 토큰과 영희의 돈을 모두 보관하고 있다가, 약속된 금액과 조건이 만족되면 자동으로 서로에게 교환해주는 것이다. 그러면 서로 속일 틈이 없다. 집을 사고파는 과정이 마치 온라인 쇼핑처럼 클릭 몇 번으로 가능해지는 상상을 해볼 수 있다. 중개인이 없으니 수수료도 줄어들고, 소유권 이전이 즉시 이루어져 시간도 절약된다.

조건만 맞으면 자동으로 지급되는 보험금

보험금을 청구할 때 준비할 서류가 너무 복잡하거나 심사 과정이 길고 지루하게 느껴진 적이 있는가? 스마트 컨트랙트는 이런 보험금 지급 과정도 혁신한다.

항공기 지연 보험을 예로 들어보자. 전통적인 보험에서는 비행기가 연착되면 승객이 일일이 서류를 제출하고 며칠을 기다려 보험금을 받아야 했다. 하지만 스마트 컨트랙트로 만든 항공 지연 보험에서는, 공항의 비행기 도착 데이터와 연동해 계약이 자동으로 실행된다. "비행기가 2시간 이상 연착되면 보험금 200만 원을 자동 지급한다"는 조건을 코드화해두는 것이다.

실제로 이더리스크Etherisc 같은 회사들은 이 개념을 활용해, 비행기 연착 시 승객의 별도 청구 없이 자동으로 보상금을 지급하는 서비스를 제공하고 있다.[2] 승객 입장에서는 도착하자마자 스마트 컨트랙트가 알아서 디지털 지갑으로 보험금을 보내주니, 불필요한 분쟁이나 지연이 없어 매우 편리하다.

또 다른 예로 날씨 보험을 생각해보자. 농부가 가뭄 피해에 대비한 보험에 가입하면, 스마트 컨트랙트는 기상청의 강수량 데이터를 실시간으로 확인한다. 그리고 코드에 정해둔 대로, 일정 기간 비가 한 방울도 오지 않으면 즉시 보험금을 지급한다. 모든 것이 자동으로 이뤄지니 보험회사와 가입자 간에 줄다리기할 일도 줄어들고, 데이터에 기반하니 누구도 결과에 이의를 제기하기 어렵다.

투명하게 공유되는 거래 기록들

공급망 관리도 스마트 컨트랙트로 할 수 있다. 공급망의 복잡한 과정에서 스마트 컨트랙트는 거래와 물류를 자동화하고, 각 단계의 진행 상황을 투명하게 관리한다.

예를 들어, 물품이 특정 지점에 도달하면 스마트 컨트랙트가 자동으로 다음 단계의 지불을 승인하는 방식으로, 공급망 내의 각 거래를 자동화할 수 있다. 이는 물류와 공급망에서의 비효율을 줄이고, 모든 거래 기록을 블록체인에 기록해 투명성을 제고한다.

한 병의 와인이 프랑스 보르도에서 생산되어 한국 소비자의 테이블에 오르기까지 모든 이력을 블록체인에 기록한다면 얼마나 좋을까? 어떤 날, 어떤 품종의 포도로 만들어져, 어떤 창고를 거쳐서 운반되었는지를 소비자가 확인할 수 있다. 이것은 단순한 추적 시스템이 아니라, 신뢰 기반 유통 인프라의 재정의다.

실제로 IBM과 월마트는 식품 공급망에 블록체인을 도입해 오염 원인을 몇 초 만에 추적하고,[3] 글로벌 명품 브랜드는 가짜 상품을 구별하기 위해 블록체인 기반 인증 시스템을 도입하고 있다.[4]

이 외에 법률 계약에서의 활용을 고려해볼 수 있다. 스마트 컨트랙트는 계약 당사자 간의 법률 계약을 자동화하고 계약 이행을 보장하는 데 유용하다. 합의된 계약 조건이 충족되면 자동으로 대금이 송금되거나 계약이 종료되는 방식으로 법률적 절차를 간소화한다.[5] 이는 특히 복잡한 계약 이행 과정에서의 실수를 줄이고, 계약 당사자 간의 신뢰를 높이는 데 기여할 수 있다.

이제 무엇을 신뢰해야 할까?

이렇듯 스마트 컨트랙트는 다양한 분야에서 효율성을 높일 뿐만 아니라 신뢰의 구조와 형태 자체를 바꾸고 있다. 과거에는 중요한 거래를 할 때, 계약 상대방이나 중개자 또는 중개기관을 '믿어야' 했다. 은행을 믿고 돈을 맡기거나, 부동산중개사를 믿고 집을 사고팔거나, 보험회사를 믿고 청구 결과를 기다렸다.

그러나 스마트 컨트랙트는 이 신뢰의 대상을 사람에서 코드로 이동시킨다. 우리는 상대방의 양심이나 중개자 또는 중개기관의 처리 능력을 믿는 대신, 블록체인에 올라간 투명한 코드를 신뢰하면 된다. 블록체인은 수많은 컴퓨터가 함께 검증하는 공개 장부 역할을 하기 때문에, 한 번 기록된 계약은 모두가 공유해 위변조가 사실상 불가능하다. 결국 "코드를 믿어도 되니, 굳이 사람을 믿을 필요가 없다"는 신뢰 혁명이 일어나는 것이다.

물론 사람에 대한 신뢰가 완전히 필요 없어지는 것은 아니다. 우리는 여전히 그 코드를 작성한 개발자의 실력을 믿어야 하고, 코드에 버그가 없을 것이라는 신뢰도 필요하다.

다만 신뢰의 방향과 구조가 바뀐다는 게 중요하다. 중앙기관이나 제삼자의 권위에 기대는 대신, 공개된 기술과 참여자들의 합의에 기반하는 사회가 되는 것이다. 높은 투명성과 자동화 덕분에 약속은 어길 수 없는 것이 되고, 이는 사회 전반에 걸쳐 협력하는 방식을 변화시킬 것이다.

계약의 실행을 사람이나 법정이 아닌 기술에 맡기면서, 그동안 우리가 당연하게 여겨온 '신뢰'의 개념도 새롭게 정의된다. 우리는 질문해야 한다.

"우리는 사람이 아닌 기술을 어디까지 신뢰할 수 있을까? 과연 이 기술은 완전히 신뢰해도 되는가? 만약 완벽하게 신뢰할 수 있다면 이 기술로 인해 사람을 신뢰할 수 없게 되는 것은 아닌가?"

3
전 세계가 하나의 금융 플랫폼으로 연결된다면?

케냐와 같이 금융 인프라가 열악한 지역에서는 은행 지점 없이도 모바일 결제와 블록체인 지갑이 보급되는 현상이 나타나고 있다.[6] 여러 국제 스타트업 행사와 블록체인 컨퍼런스에서 아프리카 출신 개발자들은 "우리 마을에는 은행이 없지만, 휴대폰과 디지털 지갑으로 금융 생활을 하고 있다"는 취지의 경험담을 공유한다. 이는 엠페사M-Pesa 같은 모바일 머니 서비스와 함께 이더리움 지갑 등 블록체인 기반 도구가 전통 금융을 대체하거나 보완할 수 있음을 보여주는 사례로 주목받는다.

과거 글로벌 금융은 오직 '강한 나라'와 '강한 은행'의 이야기였다. 국제 송금 한 번 하려면 송금 은행, 중개 은행, 수

취 은행이 복잡하게 얽혀 적지 않은 수수료를 내고도 하루에서 사흘은 기본적으로 기다려야 했다. 거기에 환율 문제와 복잡한 서류 절차까지, 그야말로 첩첩산중이었다. 하지만 스마트 컨트랙트는 이 모든 것을 다시 설계한다.

은행 없이, 사람 없이, 시스템만으로! 약속은 코드에 쓰이고, 실행은 자동이다. 국경을 넘어도 그 신뢰는 깨지지 않는다. 이것이 바로 글로벌 금융 플랫폼의 새로운 기초다. 이 기술은 단순한 속도와 비용 절감 효과 이상의 의미를 갖는다. 금융 서비스에 대한 접근 자체가 불가능했던 사람들, 예를 들면 은행 계좌가 없는 농촌 지역민이나 전쟁 난민, 제재 국가의 시민들도 이제는 블록체인 기반 지갑 하나로 글로벌 금융에 참여할 수 있다. 이건 말 그대로 금융의 보편화 혹은 포용적 금융inclusive finance을 실현하는 혁신이다.

더 나아가 이러한 흐름은 탈중앙화 금융DeFi, decentralized finance이라는 거대한 생태계를 만들어내고 있다. DeFi는 스마트 컨트랙트를 기반으로 만들어진 새로운 금융 운영 시스템이다. 여기에선 중앙은행도, 증권사도, 심지어 공인된 금융 라이선스도 필요 없다. 사용자는 스마트폰만 있으면 대출을 받고, 이자를 받고, 자산을 교환할 수 있다. 대출 계약은 스마트 컨트랙트가 조건을 판별하고 실행한다. 탈중앙화 거래소DEX, decentralized exchanger에서는 중앙거래소 없이도 자산을 실시간으로 교환할 수 있다.

실제로 2020년 이후 DeFi 생태계는 급속도로 성장했고, 현재 수천억 달러의 자산이 스마트 컨트랙트 안에서 움직이고 있다. 흥미로운 점은, 이 생태계가 단순한 '금융 대체'가 아니라, 새로운 금융 질서의 설계라는 점이다. 누구나 플랫폼이 될 수 있고, 누구나 참여할 수 있으며, 누구나 프로토콜을 개선할 수 있다. 기존 금융에서는 상상할 수 없었던 '열린 플랫폼' 구조가 실현되고 있는 것이다.

이런 흐름은 금융 서비스뿐만 아니라 글로벌 자산 거래 방식 자체도 바꾼다. 예전에는 외국 부동산을 사려면 해당 국가의 법과 언어, 그리고 복잡한 공증 절차를 이해해야 했다. 하지만 스마트 컨트랙트를 이용하면, 미국의 부동산을 한국에서 클릭 한 번으로 토큰 단위로 구매할 수 있다. 실제로 이런 일이 미국, 일본, 두바이에서 이미 시작되었다.

그러나 이 모든 변화는 또 다른 도전을 야기한다. 바로 글로벌 금융 규제의 진화다. 스마트 컨트랙트는 법인을 대표하지도 않고 특정 국가에 등록되지도 않는다. 그렇다면 책임은 누구에게 있는가? 누가 신원 확인KYC, know-your-customer을 담당하고, 자금 세탁 방지AML, anti-money laundry는 또 어떻게 해야 할까?

실제로 많은 국가가 이런 새로운 금융 구조에 대한 규제 프레임을 고민하고 있다. 어떤 나라는 규제하려 하고, 어떤 나라는 기회로 삼아 제도권에 흡수하려 한다. 분명한 것은, 기존 규제가 스마트 컨트랙트를 포괄하지 못한다면, 이 기술은 계속해서 비제도권의 혁신으로 머물게 된다는 점이다.

결국 우리는 이런 질문에 도달하게 된다.

"신뢰와 거래의 인프라는 왜 국가만이 제공해야 하는가?"

"글로벌 금융 시스템은 누가 설계할 수 있는가?"

그 해답의 일부는 스마트 컨트랙트와 블록체인이 제공하고 있다. 신뢰는 중앙기관이 아닌 코드로 만들어지고, 거래는 국경이 아니라 프로토콜 위에서 이루어진다. 이 거대한 전환의 흐름 속에서 우리는 목격자가 아니라, 참여자가 될 수 있다.

실물자산을 블록체인으로 디지털 전환하다

2020년 여름, 금융위원회가 주최하는 글로벌 핀테크 박람

회에서 카사코리아 발표자가 이렇게 말했다.

"이제 누구나 5천 원만 있으면 상업용 부동산의 지분을 가질 수 있습니다."

그 순간 나는 확신했다. 이것은 단순한 투자 편의성이 아니라, 부동산시장 접근권의 민주화를 이루는 지름길임을. 블록체인은 이제 단지 가상자산의 기술이 아니며, 앞으로 세상의 모든 '가치 있는 것'을 다시 쓰는 기술이 될 것이다.

우리가 지금껏 당연하게 여겨온 '자산 거래'라는 것은 생각보다 매우 비효율적이다. 아파트 한 채를 사기 위해 우리는 중개인을 거치고, 등기소를 방문하고, 복잡한 서류를 준비해야 한다. 게다가 고가의 자산일수록 소수만이 접근할 수 있었고, 그것이 자산 불평등의 구조로 이어져왔다. 하지만 이제 블록체인 기술이 5천 원 단위의 조각 투자로 우량 자산에 접근할 수 있게 만들어주었다.

그러나 모든 것이 순탄하지만은 않다. 자산을 토큰화하려면 먼저 법률적 명확성이 필요하고, 국가 간 규제 차이도 극복해야 한다. 또 자산의 실체와 디지털 토큰 간의 연결을 신뢰할 수 있어야 한다. 디지털이 오프라인을 대체하는 것이 아니라, 연결하는 시스템이 필요하다는 뜻이다.

그럼에도 불구하고 이 변화는 돌이킬 수 없다. 자산의 세계는 점차 블록체인 위로 올라오고 있다. 종이 계약과 서류 중심의 거래는 점점 디지털 토큰과 스마트 컨트랙트로 대체되고 있다.

실물자산의 디지털화는 단순히 기술이 아니다. 그것은 누가 어떤 자산에 접근할 수 있는가를 결정짓는 새로운 질서의 시작이다. 그리고 이 새로운 질서는 더 많은 사람에게 더 넓은 기회를 줄 수 있는 기술, 바로 블록체인에 의해 가능해지고 있다. 특히 요즘 새롭게 대두되고 있는 RWA에 대해 좀 더 심도 있게 살펴보자.

4
실물자산도 디지털 전환?
RWA란 무엇인가?

RWA는 블록체인 기술을 활용해 실물자산을 토큰화해서 디지털 전환하는 과정을 의미한다. 이를 통해 자산의 소유권을 디지털 토큰으로 전환하고, 블록체인 네트워크에서 누구나, 언제나, 어디서나 거래할 수 있도록 만드는 개념이다.[7]

실물자산의 디지털화, 즉 토큰화는 부동산·예술품·귀금속·채권 등 물리적 형태가 있는 자산의 소유권을 블록체인상에서 관리하고 거래할 수 있는 형태로 변환함으로써, 전통적인 자산 관리 및 거래 방식을 혁신한다. 이 과정은 자산의 유동성을 높이고, 더 많은 투자자가 자산시장에 접근할 수 있는 기회를 제공한다.[8]

RWA의 핵심은 실물자산의 소유권을 블록체인에서 안전

하게 관리하고, 이를 토큰화해 거래할 수 있도록 하는 데 있다. 예를 들어 부동산의 경우, 특정 건물의 소유권을 디지털 토큰으로 전환하고, 이 토큰을 여러 명의 투자자가 소유할 수 있게 한다. 각 투자자는 해당 건물의 소유권을 일정 비율로 나눠 가질 수 있으며, 이 소유권을 블록체인상에서 쉽게 확인하고 거래할 수 있다. 이를 통해 부동산 같은 고액 자산도 소액 투자자들이 쉽게 접근할 수 있게 되어, 자산의 유동성이 크게 향상된다.

RWA 개념은 기존의 자산 관리 및 거래 방식에 비해 여러 가지 중요한 이점을 제공한다.

- **자산의 유동성이 증가한다.** 전통적인 자산 거래는 복잡한 법적 절차와 중개인의 개입을 필요로 하며, 이로 인해 거래 속도가 느리고 비용이 많이 든다. 그러나 RWA를 통해 자산을 토큰화하면 이런 과정을 자동화 및 간소화할 수 있으며, 거래 비용을 절감하고, 거래 속도를 크게 향상시킬 수 있다.[9]
- **자산 거래의 투명성과 보안을 강화한다.** 블록체인 기술은 분산원장 시스템을 기반으로 하며, 이를 통해 모든

거래 내역이 네트워크상에서 공개되고 투명하게 기록된다. 이로 인해 자산의 소유권 이력과 거래 내역을 쉽게 추적할 수 있으며, 위변조를 방지할 수 있다. 이는 특히 고가의 자산이나 진위 확인이 중요한 자산 거래에서 매우 중요한 역할을 한다.[10]

- **글로벌 자산 거래를 촉진한다.** 전통적인 자산 거래는 주로 특정 국가나 지역 내에서 이루어지며, 국제 거래에는 여러 가지 법적·제도적 장벽이 존재한다. 블록체인을 통한 RWA는 이런 장벽을 낮추고, 전 세계 어디서나 자산을 쉽게 거래할 수 있는 환경을 제공한다. 이는 특히 부동산이나 예술품 같은 자산에서 큰 장점이 있으며, 글로벌 투자자들이 자산에 접근할 수 있는 기회를 확대한다.[11]

- **새로운 투자 기회를 창출한다.** 전통적으로 접근이 어려웠던 자산군에 소액 투자자들도 참여할 수 있게 되며, 이는 자산의 가치 증대와 투자 기회의 확대를 가져온다. 예를 들어 한 개인이 특정 건물 전체를 구입하기 어려운 경우, RWA를 통해 건물의 일부 소유권을 구매하고, 그에 따른 수익을 분배받을 수 있다. 이는 부동산

투자뿐만 아니라, 채권·주식·귀금속 등 다양한 자산군에 적용될 수 있으며, 투자 포트폴리오를 다각화하는 데 중요한 역할을 한다.[12]

RWA는 실물자산을 디지털화해 블록체인상에서 관리하고 거래할 수 있도록 만드는 혁신적인 개념이다. RWA는 블록체인 기술의 가능성을 실물자산 분야에 적용해 전통적인 자산 관리 및 거래 방식을 근본적으로 변화시킬 잠재력을 가지고 있다. 이런 변화는 자산시장의 접근성을 높이고, 더 많은 투자자가 자산에 접근할 수 있는 기회를 제공함으로써 글로벌 경제와 금융 시스템에 중요한 영향을 미칠 것이다.

5
블랙록은 왜 실물자산을 디지털화하려 할까?

블랙록BlackRock은 세계 최대의 자산운용사로, 전 세계적으로 약 9조 달러 이상의 자산을 관리하고 있다. 이런 거대 자산운용사가 RWA에 주목하고 있다는 사실은 그 자체로 매우 의미심장하다.

2017년 블랙록의 CEO 래리 핑크Larry Fink는 "비트코인은 자금세탁에 쓰이는 것일 뿐"이라고 폄하했다.[13] 그러나 2023년에 그는 "비트코인은 국제적 자산international asset이라고 정의하면서, 지정학적 위협으로부터 지켜주고 세계 어디서나 언제든 사용할 수 있는 우수한 자산"이라고 입장을 바꿨다.[14]

앞에서 언급한 RWA가 제공하는 실질적 혜택, 즉 자산의 유동성 증대, 거래의 투명성과 보안 강화, 글로벌 자산 거래 촉진 등을 인식했기 때문이다. 블랙록은 RWA를 통해 투자자 보호를 강화하고, ESG 기준을 충족하는 지속 가능한 투자 기회를 창출함으로써 자산운용산업에서의 장기 경쟁력을 확보하고자 했다. 이는 블랙록이 미래의 금융시장에서 주도적인 위치를 확보하기 위한 전략적 결정으로, 혁신 기술 도입을 넘어 자산운용의 근본적인 패러다임 전환을 지향하는 것이다.

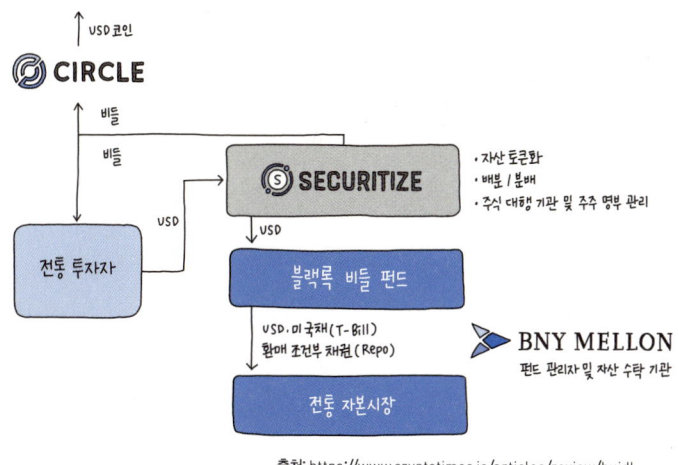

출처: https://www.cryptotimes.io/articles/review/buidl-blackrocks-first-tokenized-fund-for-institutions/

[그림 2-6] 비들 펀드 구조 이해

이를 위해 2024년 3월에는 모든 디지털 자산을 위한 글로벌 단일 플랫폼으로 비들BUIDL이라는 플랫폼을 런칭했다.[15] 브리티시 버진아일랜드에서 사모펀드 형태로 법인을 설립해 토큰을 발행하고, 여러 실물자산을 토큰화해 수익증권으로 관리한다. 이 실물자산에서 발생하는 수익을 배분하거나 환매할 수 있도록 했다.

그야말로 모든 자산을 토큰화하는 시대가 열린 것이다. 토큰화된 실물자산은 2025년 6월 현재 240억 달러로, 지난 3년 동안 매년 380퍼센트씩 성장했지만, 2030년에는 10조 달러까지 팽창할 것으로 예측되고 있다.[16]

6
투자시장이 거대한 하나의 플랫폼으로 변한다면?

RWA는 블록체인 기술의 혁신을 실물자산 분야에 적용함으로써, 특정 국가나 지역 내에서 이루어지는 전통적인 자산 거래 방식의 한계를 넘어 하나의 통합된 플랫폼으로 연결할 수 있는 가능성을 열어준다. 즉, 글로벌 자산 거래가 하나로 통합되어 지구 전체가 하나의 경제 및 금융 시스템으로 재편되는 데 핵심적인 역할을 할 것으로 기대된다.

투자자들은 지리적 위치에 상관없이 원하는 자산에 투자할 수 있으며, 이는 글로벌 투자 기회를 확대하고, 자산시장의 유동성을 높이는 데 기여할 것이다. 아울러 자동화된 스마트 컨트랙트를 통해 신속하게 거래하고 비용을 크게 절감할 수 있어 **글로벌 자산시장의 효율성**이 향상될 수 있다.

RWA는 경제 민주화의 디딤돌이 될 것이다.[17] 부동산이나 미술품 같은 초고가 자산에 대한 투자는 상당한 자산가만 접근할 수 있었지만, RWA를 통해 소액 투자자들의 참여가 가능해지면서 자산의 소유권이 더욱 민주화되고, 투자 기회가 좀 더 평등하게 분배될 수 있다.

또한 RWA는 중개자의 역할을 크게 줄여 신뢰성을 높이면서도 비용은 크게 절감할 수 있다.[18] DeFi로 자동화된 스마트 컨트랙트로 중개자 없이 자산 거래, 대출, 투자 등의 금융 활동을 실행할 수 있기 때문이다. 현재 '이자 농사Yield Farming[19]'가 대표적 사례로, DeFi는 예치된 디지털 자산의 이자를 자동으로 계산해 분배하고 있다.

이제 아마존과 같은 글로벌 유통업체처럼 글로벌 디지털 자산기업이 나타날 것이다. 나는 개인적으로 대한민국에서 그런 기업이 나오길 간절히 바란다. 우리가 리드하지 않으면 리드당할 것이다. 지금도 우리 국민의 모든 위치 정보 등 스마트폰에서 만들어지는 대부분의 정보를 애플과 구글 같은 운영체제를 갖고 있는 기업들이 가져가는 것처럼, 앞으로 우리가 벌어들이는 부 역시 디지털 자산화되어 글로벌 기업으로 빠져나갈 것이기 때문이다.

3장

세상의 모든 자산을
토큰으로 만들다

1
스테이블코인,
왜 '가치 안정적인 코인'이 필요할까?

RWA가 가장 먼저 이루어진 것이 바로 우리가 사랑하는 돈money이다. 지금까지는 지폐 등 손으로 만질 수 있는 아날로그 머니가 사용되었다면 미래에는 눈에 보이지 않고 만질 수도 없는 디지털 형태로, 은행 등 제삼자 없이 (마치 편지 보내는 대신에 이메일을 보내듯이) 전 세계 누구에게나 실시간으로 보낼 수 있는 디지털 머니가 쓰일 것이다.

이 디지털 머니의 첫발이 바로 스테이블코인이다. 스테이블코인이 과연 무엇이고 왜 쓰이는지, 현황과 미래 전망, 문제점과 이슈를 알아보자.

스테이블코인이란 무엇인가?

스테이블코인은 가격 변동을 최소화하도록 설계된 가상자산이다.[1] '스테이블stable'이라는 말에서 짐작할 수 있듯이 '안정된' 가치를 추구하는 코인인 것이다. 즉, 블록체인상에서 발행되지만 달러나 원화 같은 법정화폐의 가치에 연동되어, 하나의 코인이 항상 법정화폐 한 단위의 가치를 갖도록 만든 토큰을 말한다.

예를 들어, 달러에 연동된 스테이블코인은 코인 하나를 1달러로 교환할 수 있도록 설계되었으며, 원화 스테이블코인은 '1원=1코인'으로 가치가 고정되도록 설계되었다. 이를 유지하기 위해 발행자는 고객에게 언제든 1코인을 1달러(또는 1원)로 바꿔줄 준비가 되어 있어야 한다.

다시 말해, 스테이블코인 발행량만큼의 달러(또는 원) 현금이나 단기 국채 등 안전자산을 준비금reserve으로 보유하고 있어야 한다. 이렇듯 충분한 준비자산이 있다는 믿음 덕분에 스테이블코인의 가치는 안정적으로 법정화폐에 일대일로 연동(페깅)된다.

따라서 스테이블코인은 블록체인 기술 위에 구현된 디지털 화폐이면서도 달러나 원화 같은 실물화폐의 가치를 따라가는 '가치 안정형 코인'이다. 비트코인 같은 일반 가상자산의 경우, 어떤 실물자산에도 기반하지 않아 수요와 공급에 따라 가격이 급변하는 것과 달리, 스테이블코인은 법정화폐를 기반으로 하기 때문에 상대적으로 가격이 안정적이라고 할 수 있다.

스테이블코인의 종류와 주요 사례

스테이블코인은 연동 대상과 안정성 확보 방식에 따라서 몇 가지 종류로 구분된다. 가장 대표적인 분류는 준비자산collateral의 형태에 따른 것이다.[2]

- **법정화폐 담보형**Fiat-backed: 달러, 원화, 유로 등 법정통화 예치금이나 국채 등을 담보로 발행된다. 발행사가 은행에 달러를 보관해두고 그만큼 코인을 찍어내는 방식으로, 테더와 USD코인, 페이팔USD 등이 여기에 속한다. 가장 단순하고 이해하기 쉬운 모델로, 현재 시중의 스테이블코인 대부분이 이 방식이다.
- **암호자산 담보형**Crypto-backed: 비트코인이나 이더리움 등의 암호화폐를 담보로 발행된다. 하지만 암호자산

의 가격 변동이 크기 때문에 담보 가치 대비 적은 금액의 스테이블코인을 발행해(초과담보) 안정성을 확보한다. 대표적으로 메이커다오MakerDAO 프로젝트의 다이 코인이 있다. 이더리움 등을 예치하고 다이를 대출받는 구조로 설계되었다.

- **알고리즘 기반**Algorithmic: 별도의 담보 대신 코드 알고리즘에 따라 공급량을 조절해 가치 안정을 꾀한다. 가격이 1달러보다 높으면 알고리즘에 따라 자동적으로 공급을 늘리고 낮으면 줄이는 식인데, 담보가 없거나 부족하므로 안정성 확보가 가장 어렵다. 한때 주목받은 테라USD가 이 방식으로, 자매 코인인 루나LUNA와 연동된 알고리즘으로 운영됐으나, 2022년 가격 붕괴로 실패하면서 시장에 큰 충격과 피해를 준 바 있다.

이제 주요 스테이블코인 몇 가지와 누가 왜 발행했는지 살펴보자. [표 3-1]은 몇 가지 대표적인 스테이블코인의 특성과 배경을 정리한 것이다.

이 밖에도 트루USD, 팍스달러 등 여러 스테이블코인이 존재하지만, 시가총액 기준으로는 달러 기반의 테더와 USD

[표 3-1] 주요 스테이블코인의 특성과 배경

스테이블코인 (티커)	발행 주체 (출시 연도)	연동 자산 및 담보	발행 배경 및 특징
테더 (USDT)	테더사 (2014년)	미국 달러 (현금, 단기 국채 등)	최초의 메이저 스테이블코인. 암호화폐 거래에서 달러를 대체하는 유동성 공급 수단으로 출발. 한때 준비금 투명성 논란이 있었으나 현재 약 60퍼센트의 시장점유율로 1위. 대규모 준비금을 국채 등에 투자해 2024년에만 약 130억 달러의 이익을 낼 정도로 성장.[3]
USD코인 (USDC)	서클 & 코인베이스 (2018년)	미국 달러 (현금, 채권 등)	미국 규제 아래 발행된 투명하고 신뢰도 높은 스테이블코인. 회계법인 감사 등으로 준비금 공개에 충실. 코인베이스 등과 연계해 미국 내 규제를 준수하며 운영. 시가총액 2위(점유율 약 25퍼센트)로 테더의 대안 역할.[4] 2023년 실리콘밸리은행 파산 시 일부 예치금 문제가 발생해 한때 0.88달러까지 가격이 하락(디페깅)하는 사태가 있었으나, 이후 전액 보증으로 신뢰 회복.[5]
다이 (DAI)	메이커다오 (2017년)	암호자산 (ETH 등 담보)	탈중앙화 스테이블코인의 대표 사례. 이더리움 스마트 컨트랙트를 통해 초과담보 방식으로 발행되어, 발행 주체가 없고 이용자가 담보를 맡겨 스스로 발행. 초기에는 ETH 담보만 받았으나 현재는 USDC 등도 담보로 사용. 완전한 탈중앙 통화를 지향하지만, 가격 안정 장치로 일부 중앙화 요소도 혼재.[6]
페이팔USD (PYUSD)	페이팔 & 팍소스 (2023년)	미국 달러 (현금, 국채 등)	글로벌 결제기업 페이팔이 자체 결제망에 활용하기 위해 선보인 코인. 메이저 결제기업이 발행했다는 점에서 화제. 페이팔 앱 내에서 달러 잔고를 블록체인상 토큰으로 전환해 송금하거나 다시 달러로 환전할 수 있음. 규제 준수와 결제 특화를 강조하며, 향후 온·오프라인 상점 결제에 스테이블코인을 도입하는 교두보가 될 전망.[7]
테라USD (UST)	테라폼랩스 (2019년)	알고리즘 + 부분 담보 (LUNA)	한국계 프로젝트 테라가 발행한 알고리즘 스테이블코인. 별도 담보 없이 루나 코인 가격에 연동된 알고리즘으로 1달러 가치를 유지하려 했으나, 2022년 대규모 뱅크런으로 가치가 붕괴되어 실패. 알고리즘 스테이블코인의 위험성을 보여준 사건으로 기록.

코인이 압도적으로 1, 2위를 차지하고 있다.

각 코인별 발행 목적을 보면, 테더는 암호화폐 거래시장의 달러 대체 수단 USD코인은 규제를 준수하는 신뢰성 있는 결제 및 거래 수단, 다이는 DeFi 기반 통화, 페이팔USD는 기존 금융기업의 암호화폐 결제 실험 등으로 약간씩 결이 다르다. 하지만 '1코인=1달러'의 가치를 안정적으로 유지한다는 공통 목표 아래 암호화폐 거래, 송금, 결제 등 다양한 용도로 활용되고 있다는 점에서 맥을 같이한다.

스테이블코인은 왜 필요한가?

스테이블코인이 등장한 가장 큰 이유는 가상자산 시장의 극심한 변동성을 해결하기 위해서다. 비트코인이나 이더리움 같은 암호화폐는 가격이 하루에도 수십 퍼센트씩 오르내릴 정도로 변동성이 커서 결제나 가치 저장 수단으로 활용하기 어렵다. 이에 비해 스테이블코인은 달러 등 실물화폐 가치에 연동되어 가격이 안정적이므로, 가상자산 세계에서 일종의 기준 화폐 역할을 할 수 있다.

실제로 해외 암호화폐 거래소들에서는 스테이블코인이 비트코인이나 이더리움 등을 사고파는 기본 거래 단위(기축

통화)로 쓰여왔다. 달러와 동일한 가치를 지니면서 블록체인 상에서 자유롭게 이동할 수 있기 때문에, 투자자들은 전통 금융권을 거치지 않고도 손쉽게 암호화폐와 현금 가치 사이를 오갈 수 있게 되었다.

또 다른 필요성으로, 국제 송금과 결제 분야를 들 수 있다. 스테이블코인은 블록체인 네트워크를 이용하므로 국가 간 송금을 할 때도 속도가 빠르고 수수료가 저렴하다. 예를 들어, 몇 센트(불과 몇 원)의 비용으로 몇 초에서 몇 분 내에 전 세계 어디로든 송금할 수 있다. 이는 기존 은행의 국제송금이나 신용카드 결제망과 비교하면 압도적으로 저렴하고 빠른 수준이다.

실제로 미국의 유통 공룡 월마트가 스테이블코인을 도입하면 연간 100억 달러에 달하는 신용카드 수수료를 크게 절감해 최대 60퍼센트까지 수익성을 개선할 수 있다는 분석도 나왔다.[8] 이처럼 해외 송금, 해외 결제 등에서 스테이블코인은 비용을 낮추고 효율을 높일 수 있는 잠재력을 가지고 있다.

더불어 경제가 불안정한 국가에서의 수요도 스테이블코인의 중요성을 부각시킨다. 예컨대 남아메리카나 아프리카의 일부 국가들처럼 자국 통화의 인플레이션이 심한 경우, 현지인들이 자산 가치를 지키기 위해 달러 가치와 연동된 스테이블코인을 이용하는 사례가 늘고 있다. 은행 계좌 없이도 디지털달러를 보유하고 결제에 사용할 수 있으므로, 통화 가치 폭락 위험을 피하려는 사람들이 테더 등 달러 기반 스테이블코인을 사실상의 대안 통화로 활용하는 것이다.

　스테이블코인은 이렇듯 다양한 사용 목적을 가지고 가격 안정성과 블록체인의 편리성을 동시에 갖춘 덕분에 등장 초기부터 빠르게 쓰임새를 넓혀가고 있다.

2
스테이블코인의 현재와 앞으로의 과제

오늘날 스테이블코인 시장은 지난 몇 년간 폭발적으로 성장해 규모가 거대해졌다. 전 세계적으로 사용 중인 스테이블코인 수는 2022년 중반 약 60개에서 2023년 말 170개를 넘길 정도로 급증했고, 전체 시가총액은 2021년경 수십억 달러 수준에서 현재 약 2,500억 달러 이상으로 커졌다.[9]

이는 불과 5년 전(2018~2019년)만 하더라도 글로벌 시총이 50억 달러 미만이었던 것에 비하면 엄청난 증가로, 2년 전과 비교해도 약 두 배 규모로 팽창한 수치다. 특히 2022년 테라-루나Terra-LUNA 사태[10]로 일시적인 성장 정체가 있었음에도 전반적인 상승 추세는 꺾이지 않고 지속되었다.

시장 구성의 쏠림도 뚜렷한 특징이다. 앞서 소개한 테더와 USD코인이 전체 시가총액의 약 90퍼센트를 차지하며 양강 체제를 이루고 있다. 그 외에 다이, 페이팔USD 등이 나머지 10퍼센트가량을 구성하는 형국이다. 사실상 '달러 기반 스테이블코인 쌍두마차'인 테더와 USD코인이 시장을 주도하고 있으며, 둘 다 미국 달러에 연동되어 있다는 점에서 현재 스테이블코인 생태계는 곧 '디지털달러 생태계'라고도 볼 수 있다.

스테이블코인 이용자 저변도 빠르게 확대되었다. 현재 전 세계 1억 개 이상의 전자지갑에 스테이블코인이 보유되어 있다는 조사도 있다.[11] 이는 가상자산 이용자 상당수가 스테이블코인을 한 번쯤 사용하고 있다는 의미다.

스테이블코인은 암호화폐 거래소뿐 아니라 점차 핀테크 앱, 전자지갑, DeFi 서비스 등 다양한 플랫폼에 편입되고 있다. 예컨대 국내 카카오페이 같은 핀테크 업체의 주가가 '원화 스테이블코인 도입' 기대에 급등하는 등, 전통 금융권과 스타트업 모두 이 시장에 관심을 갖고 준비하는 상황이다.

거래 규모 측면에서도 스테이블코인은 이미 무시할 수 없는 수준이다. 온체인On-Chain[12] 데이터 분석 기업 센토라Sentora에 따르면, 스테이블코인의 월간 온체인 거래량은 약 1조 5,000억 달러에 이르러 이전 최고 기록을 경신했다. 이는 글로벌 카드사인 비자와 마스터카드의 처리액을 이미 능가했음을 보여준다.[13]

스테이블코인 시장은 규모와 영향력 면에서 급성장해 이제는 글로벌 금융 시스템의 한 축으로 거론될 정도가 되었다. 일부 분석가들은 2030년까지 시장 규모가 3조 7,000억 달러에 이를 것으로 내다볼 만큼, 스테이블코인의 위상은 나날이 커지고 있다.[14]

미국은 왜 스테이블코인을 키우려 하는가?

스테이블코인의 세계 패권 경쟁 이면에는 달러 패권 경쟁이 숨어 있다. 중국이 중앙은행 발행 디지털 화폐인 디지털 위안화를 발빠르게 추진해 국제 금융 질서에서 위안화의 영향력을 높이는 전략을 펴고 있는 반면, 미국은 정부 발행 디지털달러를 내놓지 않기로 사실상 결정하고 민간 스테이블코인을 디지털달러로 활용하려는 기조를 보이고 있다.

이는 달러에 연동된 스테이블코인들을 성장시키는 것이 곧 미국이 디지털 시대에도 달러 패권을 유지하는 방책이 된다고 판단한 것이다. 실제로 현재 전 세계 스테이블코인은 대부분 달러 기반인 만큼, 미국이 이를 법제화해 제도권에 편입시키면 향후에도 글로벌 디지털 경제에서 달러화의 영향력이 견고하게 지속될 가능성이 높다.

미국의 또 다른 전략적 이유는 자국 경제 측면, 특히 국채 수요 확보다. 미국 정부는 막대한 재정적자에 따른 국채 발행이 계속되고 있는데, 금리가 오르면 이자 부담이 커져 재정에 타격이 된다. 이를 완화하려면 국채를 꾸준히 사줄 투자자 풀을 넓혀 금리 상승 압력을 낮춰야 하는데, 스테이블코인 발행사들이 바로 새로운 국채 큰손으로 부상할 수 있다. 테더 등의 스테이블코인은 이미 수천억 달러 규모의 국채를 보유한 주요 투자자다. 테더가 보유한 미국 국채(총 1,270억 달러, 2025년 2분기 기준)는 우리나라가 보유한 미국 국채(총 1,242억 달러, 2025년 6월 기준)를 넘어섰다.[15]

스테이블코인 발행량이 늘수록 미국 국채 매입 수요가 증가한다. 트럼프 행정부 시기인 2025년 4월, 미국 국채(10년 만기) 금리가 4.5퍼센트까지 치솟아 부담이 커지자 "스테이블코인을 제도권에 편입해 국채 수요를 늘리는 방안"이 거론되었다고 한다. 참고로, 국채 수요가 늘어나면 국채금리가 떨어진다. 이는 스테이블코인이 미국 국채의 새로운 큰

손이 될 수 있음을 의식한 움직임이다.[16] 실제 미국 의회에서 스테이블코인 법안을 심사하면서 "스테이블코인 활성화는 미국 국채시장 안정에 도움을 줄 수 있다"는 증언을 여럿 청취한 바 있다.[17]

지정학적 측면에서도 달러 패권 유지는 미국 국력의 핵심 요소다. 전 세계가 달러를 기축통화로 사용하는 한 미국은 글로벌 금융제재나 무역에서 유리한 고지를 점한다. 그런데 만약 중국의 디지털위안화가 일대일로一帶一路 참여국 등을 중심으로 확산되고, 각국이 달러 대신 위안화 기반 디지털 화폐를 쓴다면 달러의 입지가 약화될 수 있다. 미국 입장에서는 당장 중앙은행 발행 디지털 화폐를 내놓을 정치적 여건이 마련되지 않았지만, 민간 스테이블코인을 키워서라도 디지털달러의 영향력을 넓혀야 위안화 공세에 대응할 수 있다. 바이든 정부 시절에는 스테이블코인 규제를 다소 주저했으나, 2025년 트럼프 행정부 들어 국회에서 관련 법안이 속도감 있게 추진된 배경에는 이처럼 중국의 디지털 통화 도전에 맞서려는 전략적 계산이 깔려 있다.

미국 하원 금융위원장이 "우리는 갈림길에 서 있다. 미국이 미래 금융 시스템을 선도하려면 지금 안정적인 디지털

달러(스테이블코인)를 법제화해야 한다"고 촉구한 것도 이런 맥락에서다.[18] 즉, 스테이블코인을 단순한 민간 암호화폐가 아니라 '21세기형 달러'로 규정하고 적극 활용하려고 하는 것이 현재 미국의 입장이다.

한국은 스테이블코인을 어떻게 준비하고 있나?

한국의 스테이블코인 법안 추진은 원화 기반 코인을 합법화해 통화 주권을 지키고 혁신을 촉진하려는 움직임이다. 법안이 통과되면 민간 주도의 원화 디지털 화폐 시대가 열리면서, 금융권과 핀테크 업계, 투자자 및 소비자 모두에게 새로운 기회와 도전이 될 것이다. 물론 2022년 알고리즘 기반 스테이블코인 '테라USD'가 준비금 없이 발행되었다가 가격이 붕괴되면서 수십조 원의 손실을 초래한 테라-루나 사건처럼 심각한 리스크를 피하기 위해서는 철저한 준비금 규정과 소비자 보호 장치 마련이 전제되어야 한다. 그럼에도 불구하고 잘만 안착된다면 한국 원화도 글로벌 디지털 경제에서 중요한 한 축을 담당할 수 있을 것으로 기대된다.

어떻게 안착시킬 것인가? 제도의 성공적 안착을 위해서는 준비금 기반의 투명한 설계, 규제와 혁신의 균형, 소비자 보호를 위한 금융 감독 체계, 그리고 민간 사업자의 책임 있는 참여가 유기적으로 작동해야 한다. 이런 기반 위에서 한국의 원화 스테이블코인은 디지털 시대의 안정적 결제 수단으로 자리매김을 할 것이다. 뿐만 아니라 외국 관광객과 글로벌 K-팝 팬들이 국내 물건이나 서비스를 쉽고 편리하게 이용할 수 있어 글로벌 디지털 경제에서도 의미 있는 역할을 할 수 있을 것이다.

스테이블코인은 암호화폐 영역에서 가장 실용적인 용도가 있는 분야로, 이미 '가상자산 시장의 기축통화'라 불릴 만큼 중요한 인프라로 자리 잡았다. 향후에는 디지털 경제 전반의 핵심 인프라로 확장될 가능성도 크다. 물론 신뢰, 안정성, 규제 등 여러 과제가 남아 있지만, 이는 과거 전자화폐나 인터넷은행이 제도권에 안착하면서 풀어간 과제와 유사하다. 기술 혁신과 제도 정비가 조화를 이룬다면, 스테이블코인은 전 세계인이 사용하는 '디지털 현금'으로 발전하면서 기존 화폐 체계를 보완하고 진화시키는 데 기여할 것이다.

3
건물 한 채도 조각내 거래할 수 있다고?

부동산을 쪼개서 판다? 상상이 잘 안 될 수도 있다. 예를 들어, 평범한 월급쟁이가 서울 한복판의 100억 원짜리 빌딩을 혼자 사기는 불가능에 가깝다. 그런데 이 건물을 만 원짜리 디지털 조각으로 쪼개서 판다면 이야기가 달라진다. 누구나 1만 원의 적은 돈으로도 빌딩의 일부를 소유할 수 있게 되는 것이다.

이렇게 실물 부동산을 블록체인 기반 토큰으로 만들어 조각조각 거래하는 조각투자 개념을 바로 '부동산 토큰화'라고 한다. 실제 건물 한 채를 여러 명이 지분 형태로 나눠 갖고, 임대료나 매각 차익 등 건물에서 나오는 현금 흐름을 배당받는 새로운 투자 방식이다. 블록체인 기술로 부동산을 디지털 증권으로 바꿔 투자 문턱을 낮추는 혁신이라고 할 수 있다.

왜 부동산을 블록체인에 올릴까?

기존의 부동산시장은 여러 가지 비효율을 안고 있다. 우선 진입장벽이 높다. 좋은 입지의 건물을 사려면 개인이 감당하기 어려운 거액이 필요하다. 게다가 부동산은 워낙 덩치 큰 자산이라 유동성이 낮다. 한 번 사면 다시 팔기가 어렵고 시간이 오래 걸린다. 해외 부동산에 투자하기는 더 복잡해서 국경장벽도 넘어야 한다. 거래 절차 역시 복잡해 중개수수료·세금·등기 등 비용과 시간이 많이 든다. 요컨대 부동산은 돈 많고 인맥 있는 일부 투자자들의 전유물로 여겨져 왔다.

이런 부동산을 조각내 디지털 토큰으로 만들면 어떨까? 거래를 전산화하고 블록체인 분산원장에 올리면 투명성이 높아지고, 소액 지분이라도 24시간 글로벌 거래가 이론적으로 가능해진다. 부동산 등기나 권리증을 NFT로 만들어 몇 분 만에 거래를 끝낸 사례도 등장했다. 예컨대 미국에서 한 주택을 NFT로 만들어 경매에 부쳤는데, 네 개의 침실을 갖춘 플로리다 집이 이더리움 65만 달러어치에 낙찰되었다. 승자가 NFT를 소유함으로써 집을 소유한 법인(LLC)을 통해 해당 집 소유권을 확보했다.[19] 이처럼 블록체인상에서 부동산을 이전하면 거래 절차를 단축하고 글로벌 투자자의 참여를 끌어낼 수 있는 잠재력이 커진다.

토큰화된 부동산이 열어주는 새로운 가능성은 다양하다. 가장 큰 혁신은 소액 투자다. 비싸게만 느껴지던 건물을 이제는 피자를 조각으로 나누듯 여러 사람이 나눠 가질 수 있다. 마치 한 회사의 주식을 수많은 사람이 지분대로 보유하듯이, 건물 한 채의 권리를 여러 투자자가 토큰 단위로 나눠 소유하게 되는 것이다.

투자자는 해당 건물의 임대료 수익이나 향후 매각 차익을 자신이 가진 지분만큼 배당받는다. 예를 들어, 어떤 상가 건물을 50억 원 규모로 토큰화해서 1토큰에 1만 원씩 판매한다면, 1만 원으로 해당 상가 50만분의 1 지분을 얻는 셈이다. 이렇게 되면 거대 자본가 한 사람이 아니라, 건물 벽돌 한 장 한 장을 나눠 가진 수많은 사람이 건물주가 될 수 있다. 그야말로 경제 민주화가 이루어지는 셈이다.

부동산 토큰화, 얼마나 진행됐나?

실제로 한국에서는 이미 몇 년 전부터 부동산 조각투자 플랫폼들이 등장해 시범 서비스를 운영해왔다. 가장 대표적인 곳이 카사코리아다. 카사Kasa는 2019년 '혁신 금융 서비스'로 선정돼 블록체인 기반 디지털 부동산 수익증권 거래 플랫폼을 선보였다. 건물 하나를 신탁에 맡긴 뒤 이를 DABSDigital Asset Backed Ssecurities라는 전자증권으로 수만 주 발행해 일반 투자자들에게 판매하는 구조다.[20]

투자자들은 카사 앱을 통해 건물 정보와 공모 일정을 확인하고, 청약을 넣어 건물 지분 만큼의 수익증권을 배정받는다. 이렇게 모인 자금으로 실제 건물을 매입하거나 이미 보유한 건물의 지분을 투자자들이 확보하게 되고, 이후 건

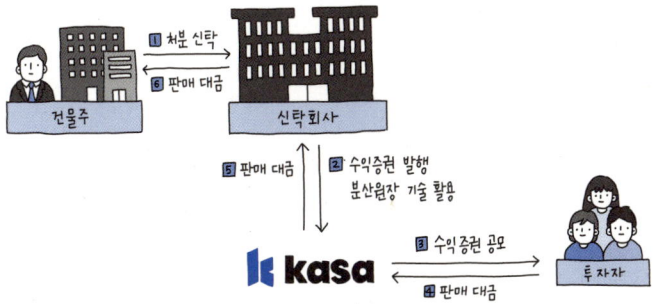

[그림 3-1] 카사코리아의 구조 및 토큰화 대상[21]

출처: 카사코리아 IR 자료

[그림 3-2] 부동산 토큰 거래를 위한 카사코리아 플랫폼의 앱 콘텐츠 매매 화면

물 운용 수익(임대료 등)을 분기마다 배당받는다. 일정 기간 후 건물을 통째로 매각하면 차익도 지분대로 분배된다.

카사는 이 모델로 서울 강남의 빌딩, 호텔 등 여러 건물의 조각투자 상품을 성공시켰다. 한 부티크호텔 공모는 청약 시작 5분 만에 목표액 22억 원을 모집하며 화제가 되기도 했다.[22]

카사 외에도 펀블Funble, 루센트블록Lucentblock 등이 부동산 조각투자 업계의 주요 플레이어다. 펀블은 여의도의 오피스빌딩 '더코노셔'를 비롯해 여러 상업용 부동산 공모를 진행했다.[23] 루센트블록의 '소유' 플랫폼 역시 수원 행궁 인근 건물, 대전 창업공간 등 다양한 자산을 토큰화해 선보

카사의 1호 공모 건물은 역삼 소재 약 102억 원 가치의 '역삼 런던빌' 빌딩이다. 한 해 평균 5.2퍼센트 이상의 지가 상승률을 보인 역삼동에 위치하고, 다양한 도시 인프라를 품은 프리미엄 입지 조건으로 가치 상승을 더해갈 예정이다. 도보 10분 내 강남역과 역삼역, 양재역 3개의 지하철 역을 오고 갈 수 있는 중심부에 위치한 트리플 역세권을 자랑한다. 한국토지신탁이 보증 및 관리, 투자운용 안정성을 확보하고 있다.

- 주소: 서울 강남구 역삼동 797-24 역삼 런던빌 101동
- 공모 총액: 101억 8,000만 원
- 발행 증권수: 2,036,000주(DABS), 공모가 1주(1DABS)당 5,000원
- 발행 기관: 한국토지신탁

출처: 카사코리아 IR 자료

[그림 3-3] 우리나라 최초의 부동산 토큰화된 건물의 수익증권 발행 정보

였다.[24]

이들 업체는 금융당국의 '규제 샌드박스' 허가를 받아 한시적으로 사업을 펼쳐왔는데, 2023년 말 기준 루센트블록 소유의 가입자 수가 30만 명(회원 중 70퍼센트 이상이 20~30대)에 이를 정도로 MZ세대에게 큰 호응을 얻었다. 소액으로

건물주가 될 수 있다는 신선함에 힘입어 조각투자 열풍이 분 셈이다.

앞으로 모두가 '건물주' 되는 시대가 올까?

부동산 조각투자는 분명 기존의 부동산 투자 지형을 바꾸기 시작했다. 과거에는 상상하기 어려웠던 '강남 빌딩 한 조각'을 누구나 가질 수 있는 길을 열어주었기 때문이다. 특히 부동산 쏠림이 심한 한국에서, 소액이라도 부동산 상승 이익을 공유할 수 있게 된다면 부의 불평등 완화에도 일정 부분 기여를 할 수 있을 것으로 기대된다.

앞으로 각국의 제도가 정비되고 더 많은 자산이 블록체인에 연결되면, 부동산 거래 구조도 지금과는 완전히 달라질 수 있다. 부동산이 증권화되어 증권사나 거래소를 통해 손쉽게 사고팔리는 시대가 오면, 건물 한 채를 소유하려고 무리하게 은행 대출을 끼고 몇 달씩 복잡한 계약을 진행하는 대신 온라인에서 클릭 몇 번으로 건물 지분을 거래하는 현실이 도래할 것이다.

다만 그렇게 누구나 건물주가 되는 세상이 마냥 좋기만 한 것은 아니다. 부동산은 변동성이 낮지만 완전히 안전한 투자처는 아니며, 모두가 건물주가 된다는 것은 그만큼 시장 경쟁이 치열해짐을 의미하기도 한다.

기술의 발전으로 '부동산의 증권화'가 급물살을 타고 있지만, 최종적으로 우리의 삶에 긍정적인 영향을 주려면 투명하고 공정한 시장 환경을 갖추는 것이 중요하다.

그럼에도 불구하고 분명한 것은, 블록체인 기술로 촘촘히 연결된 부동산 조각투자 생태계가 부동산 투자 대중화라는 큰 흐름을 만들어내고 있다는 점이다. 머지않아 누구나 손안의 앱으로 글로벌 부동산 포트폴리오를 구축하는, 말 그대로 'RWA에 따른 건물의 조각투자 시대'가 성큼 다가올 것이다.

4
금, 디지털 세상에서 다시 태어나다

금은 인류 역사상 가장 오래되고 신뢰받는 가치 저장 수단이다. 전통적으로 사람들은 금을 직접 사서 보관하거나, 금 ETF 또는 은행의 금 통장(골드뱅킹) 등을 통해 간접적으로 투자해왔다. 이제는 블록체인 기술의 등장으로 금을 디지털 토큰화해 거래하는 시대가 열리고 있다. 금이라는 실물자산이 블록체인과 결합하면서 일어나는 구조적 변화를 살펴보고, 앞으로 유의해야 할 쟁점들을 함께 짚어보자.

금 토큰화란 무엇이고 어떻게 작동하는가?

금 토큰화란 실물 금을 디지털 토큰으로 변환하는 것을 말한다. 블록체인상에서 금 1온스나 1그램을 나타내는 토큰을 발행하고, 그만큼의 실제 금을 안전한 금고에 보관하는 구조다. 예를 들어, 한 프로젝트에서 금 1온스를 담보로 1개의 토큰을 발행했다면, 해당 토큰을 소유한 사람은 금고 속 1온스짜리 금 조각에 대한 간접 소유권을 갖는 셈이다.

팍스골드는 2019년 미국의 팍소스Paxos가 출시한 금 연동 토큰으로, 1팍스골드 토큰이 런던금시장협회LBMA[25] 인증 1트로이온스(약 31.1g)의 금과 일대일로 연계되어 있다. 팍소스는 뉴욕금융감독청NYDFS의 규제를 받는 신뢰도 높은 기관으로, 토큰 발행 시마다 동일한 양의 금을 런던 브링크 금고에 보관하고 있다.

팍스골드의 보유자는 소수점 단위로 쪼개진 온스 단위 금에 투자함으로써 소액으로도 금을 소유할 수 있고, 실물 금의 이동이나 보관에 대한 걱정 없이 디지털로 금값 상승 혜택을 누릴 수 있다. 2025년 기준 팍스골드의 시가총액은 수억 달러 수준으로 성장했고 바이낸스, 코인베이스, 크라켄 등 주요 거래소에 상장되어 유동성도 매우 높은 편이다.

특히 금 토큰은 DeFi와 결합해 새로운 활용 사례를 만들어내고 있다. 예를 들어, 팍스골드나 테더골드 같은 토큰을 담보로 맡기고 스테이블코인을 대출받거나 이자를 얻는 식으로 금에 이자 농사를 시도할 수 있다. 전통 금 ETF의 경우 중개기관 문제로 이런 활용이 제한적이지만, 온체인에 존재하는 금 토큰은 스마트 컨트랙트를 통해 자동화된 금융 거래에 참여할 수 있다.

왜 금을 디지털 토큰화할까?

기존 금 투자 방식에는 여러 가지 비효율과 제한이 있다. 우선 실물 금을 직접 보유하면 무겁고 이동하기 어렵다. 금괴나 주화를 사고팔려면 검증과 거래 시간이 오래 걸리고 보관과 운송에 비용이 많이 든다. 무엇보다 금은 매우 비싸기 때문에 소액으로는 투자하기 어렵다. 예를 들어 1킬로그램 금괴는 수천만 원에 달해 소액 투자자는 접근조차 힘들다.

금에 간접 투자하는 금 ETF나 금 통장도 나름의 한계를 갖고 있다. 금 ETF는 증권사 계좌가 있어야 하고 주식시장 개장 시간에만 거래할 수 있다. 은행의 금 통장은 앱으로 쉽게 소액 투자할 수 있으나, 매매 시 수수료가 비싸고 실물로 인출하려면 10퍼센트의 부가세 등 추가 비용이 든다. 무엇보다 이 방식들은 국가나 금융기관의 인프라에 의존하기 때문에, 해외 송금이나 24시간 거래에는 여전히 제약이 따른다.

우리나라에서도 블록체인 기반 '금 토큰' 모델이 구체화되고 있다. 부산디지털자산거래소의 '비단Bdan' 플랫폼이 2025년 6월 한국금거래소의 디지털 자회사에서 운영하던 RWA 플랫폼 '센골드'의 지분을 100퍼센트 인수해, 앱에서 디지털 금을 조각 단위로 상품권 형태로 사고팔 수 있게 설계했다. 센골드는 이미 가입자 약 120만 명, 누적 거래액 1조 2,000억 원을 기록한 바 있다.[26]

비단이 금을 상품권으로 디자인한 것은 토큰증권STO, Security Token Offering을 발행하는 현행법이 아직 통과되지 않아서 취한 고육책이라고 할 수 있다. 상품권으로 처리하면 좋은 점은 금을 팔 때 양도소득세나 부가세가 없다는 것이다. 비단은 금 외에도 은, 플래티넘 등 귀금속과 원유, 와인 등으로 품목을 확대해 RWA·STO 통합 플랫폼을 지향한다고 밝혔다.[27]

이런 이유로 블록체인을 활용한 금의 토큰화가 주목받고 있다. 금을 토큰화하면 전통적인 안전자산으로서의 안정성을 유지하면서도, 블록체인이 제공하는 유연성과 확장성을 동시에 누릴 수 있기 때문이다.

실제로 토큰화된 금은 인플레이션 헤지 수단이자 24시간 글로벌시장에서 거래 가능한 자산으로 각광받고 있다. 이는 기존 금 투자 방식의 비효율성(검증·보관·운송·접근성 등에서의 한계)을 극복하고, 더 많은 사람이 금 투자에 쉽게 접근할 수 있도록 하려는 시도로 볼 수 있다.

5
그림과 음악을 소유하는 새로운 방식, NFT

전통 미술시장은 오랫동안 정보 비대칭과 낮은 유동성이라는 구조적 한계를 안고 있었다. 경매장에 가본 적도 없는 일반인에게 10억 원짜리 그림은 말 그대로 '그림의 떡'일 뿐이다. 작품 가격은 전문가, 갤러리, 컬렉터 등 소수의 손에서 불투명하게 결정되었고, 구매하고 싶어도 자본도 정보도 부족한 경우가 대부분이었다. 설령 작품을 손에 넣더라도, 되팔고 싶을 때 언제, 얼마에 팔 수 있을지는 알기 어려웠다. 한마디로 미술 투자는 오랫동안 부자와 전문가만이 드나들 수 있는 '닫힌 놀이터'였다.

블록체인은 이 판을 흔들었다. 2021년 3월, 디지털 아티스트 비플Beeple의 작품 〈Everydays: The First 5000 Days〉

이 크리스티 경매에서 6,935만 달러에 낙찰됐다. 단 한 장의 JPG 파일이 이렇게 비싸진 이유는, 그림 파일 자체보다 작가의 5,000일에 걸친 삶의 기록이 NFT로 원본임을 보증했기 때문이 아닐까? 당시 가장 비싼 NFT로 기록되었다.[28]

NFT란 고유하면서 상호 교환할 수 없는 '대체 불가 토큰'이라는 뜻이다. 예를 들어, 내가 가진 100불짜리 지폐를 독자의 100불짜리 지폐와 교환하자고 제안하면 아마도 모두 선뜻 응할 것이다. 둘은 가치가 같아서 상호 교환이 가능하기 때문이다. 그런데 내 아들이 그린 그림을 독자가 가진 모네의 작품과 교환하자고 한다면 아무도 응하지 않을 것이다. 가치가 다르기 때문이다. 이런 것을 '대체 불가'라고 한다.

즉, NFT는 토큰이긴 한데 비트코인과 달리 토큰 하나하나가 고유의 가치를 가지고 있어서 서로 쉽게 교환이 되지 않는 토큰이다. NFT의 기능은 예술작품에 대한 소유권 디지털 증서로 '세상에 하나뿐인 디지털 원본'을 블록체인이라는 '글로벌 디지털 자산 등기부등본'에 올리는 것이다. 예를 들면, 집을 사면 등기부등본에 이름을 올려야 내 땅이라는 걸 증명할 수 있듯, NFT는 블록체인 장부에 '이 원본 파일의 주인은 나'라고 새겨넣어준다. 블록체인은 전 세계 어디서나 열어볼 수 있어, 누구든 원본과 소유자를 빠르게 확인 및 검증할 수 있다.

작가와 갤러리가 NFT로 얻는 것은 무엇인가?

작가는 자신의 작품을 NFT로 발행해 NFT 거래소에 올리면 NFT가 팔릴 때마다 로열티 10퍼센트를(로열티 비율은 정하기 나름이다) 스마트 컨트랙트를 통해 자동적으로 받을 수 있다. 작품이 2차, 3차 시장에서 팔릴 때마다 자동 지불이 이뤄진다.

갤러리와 경매사는 종이 증서를 발급하고 진품 감정을 반복하던 수고를 줄이고, 글로벌 투자자를 NFT 거래소에서 즉시 유치할 수 있다. 컬렉터도 작품 거래 이력과 소유권을 블록체인으로 검증할 수 있으니 안심하고 구매할 수 있다. 또한 원하는 시점에 일부만 팔아 현금화하는 유동성 옵션도 갖는다.

그러나 넘어야 할 산도 있다. NFT를 발행할 때 그 작품의 소유권을 갖고 있는 사람이 발행했는지를 확인해야 한다. 때때로 국가마다 '소유권'인지 '사용권'인지 정의가 달라 분쟁의 여지가 있다. 아울러 세금과 회계 기준이 아직 모호하다. 한국에서도 NFT 미술품을 팔아 번 돈이 과연 양도소득인지 기타소득인지 아직 불명확하다.

일부 NFT 거래는 탈중앙화 거래소DeFi가 아닌 업비트나 빗썸 같은 중앙화 거래소CeFi에서도 이루어지는데, 이는 해킹이나 파산의 위험이 있다. 이때 NFT 파일 원본을 저장한 중앙 서버의 운영이 중단되면 NFT '증서'만 블록체인에 남고 원본 파일이 없어지는 댕글링Dangling 토큰이 될 수 있다. 쉽게 말해, 앙금 없는 찐빵처럼 껍데기만 남는 것이다. 따라서 NFT 파일 원본이 어디에 저장되어 있는지 확인할 필요가 있다. 요즘은 이런 문제를 해결하기 위해 IPFSInter Planetary File System 같은 탈중앙화된 저장 서버에 NFT 파일 원본을 저장하고 있다.

6
권리 토큰화 시대, 채권·지식재산·예약권까지

예약권의 디지털 자산 토큰화

눈에 보이지 않던 각종 '권리'를 블록체인 기반 디지털 토큰으로 바꾸면, 그 권리가 눈에 보이는 자산처럼 취급되어 자유롭게 거래할 수 있다. 토큰화를 통해 기존에는 가치 평가나 거래가 어려웠던 무형의 권리에 경제적 가치를 부여하고 시장에서 사고팔 수 있게 만드는 것이다. 이런 권리 토큰화는 예약권·물류 운송권·채권(금전 채권) 등 다양한 분야에서 활용될 수 있으며, 이를 통해 경제적 효율성 향상과 투명성 및 추적성 제고 등의 효과를 가져온다.

예를 들어, 인기 있는 미쉐린 3스타 레스토랑의 예약권 토큰을 거래소에서 팔 수 있다. 마치 콘서트 티켓을 양도하듯이 식당 예약권을 사고파는 것이다. 실제로 미국 LA의 한 고급 레스토랑은 금요일 저녁 7시 식사 예약권을 NFT로 경매에 부쳐 약 4,250달러(암호화폐 130솔 상당)에 판매한 사례가 있다.[29] 이처럼 토큰화된 예약권은 필요한 사람에게 양도되어 자원 배분의 효율성을 높인다. 레스토랑 입장에서도 '노쇼no-show'로 인한 손실을 줄이고, 토큰 재판매 시 일부 수익을 얻는 등 새로운 비즈니스 모델을 만들 수 있다.

아울러 국제 해운 물류에서는 컨테이너 선적 예약권도 사고팔 수 있다. 화주(물건을 보내는 고객)가 예약만 해놓고 '짐을 안 보내는 경우(노쇼)'가 빈번하고, 선사는 이를 예상해 '과다 예약(오버부킹)'을 받았다가 정작 실어나르지 못하게 되면 과징금을 물기도 한다. 이런 비효율을 해결하기 위해 예약 권리를 토큰화하는 방안이 제시되었다.

채권의 디지털 자산 토큰화

채권도 토큰화할 수 있다. 채권은 미래에 돈을 받을 수 있는 권리로, 이것을 토큰화하면 전 세계 누구나 투자하고 거래할 수 있는 디지털 자산이 된다. 기존에는 국가나 기업이 발행한 채권에 일부 금융기관이나 투자자만 접근했지만, 토큰화된 채권은 블록체인상의 글로벌 플랫폼에서 24시간 거래될 수 있어 유동성이 크게 높아진다.

예를 들어, 유럽투자은행EIB은 약 1억 유로 규모의 채권을 이더리움 기반 디지털 토큰 채권으로 발행한 바 있고,[30] 미국의 프랭클린템플턴 등 자산운용사들도 미국 국채 등 고정수익 자산 기반의 펀드를 블록체인 기반 토큰화해 발행하는 실험을 진행해왔다.[31]

이처럼 채권의 토큰화는 지역에 상관없이 투자 자금을 모을 수 있게 해 글로벌 자본 유치와 유동성 공급에 도움을 준다. 또한 개인 투자자들도 소액으로 쪼개진 채권 조각에 투자할 수 있어 투자 접근성이 높아지고, 채권의 실물자산 가치에 의해 토큰의 가치가 뒷받침되므로 안정성도 비교적 확보된다.

이와 같이 눈에 보이지 않는 권리를 눈에 보이는 토큰으로 전환하면, 경제 전반의 효율이 높아지고 거래의 투명성과 신뢰성이 크게 향상된다. 블록체인 기술을 통한 권리의 디지털 자산화는 미래의 경제 시스템에서 새로운 가치 창출 기회를 열어주며, 기존에 없던 방식으로 자산의 유동화와 거래 활성화를 이끌어낼 것으로 기대된다.

지적재산권의 디지털 자산 토큰화

눈에 보이지 않는 지적재산권IP, Intellectual Property 역시 블록체인 기반 디지털 토큰으로 전환하면 마치 실물자산처럼 소유·이전·거래가 가능해진다. 과거에는 창작물의 저작권이나 사용권을 명확히 보호 또는 거래하기 어려웠으나, 토큰화를 통해 해당 권리의 소유자가 누구인지, 사용권이 언제 어디로 이전되었는지를 블록체인에 투명하게 기록할 수 있다. 이로써 창작물의 무단 도용이나 저작권 분쟁이 줄어들고, 창작자가 자신의 작품을 새로운 방식으로 수익화할 수 있는 길이 열린다.

예를 들어, 브루브Broove 플랫폼은 창작자가 자신의 작품과 활동을 포트폴리오 형태로 기록하고, 전 세계 이용자 및 팬과 연결할 수 있는 서비스를 제공한다. 모든 창작물은 블록체인에 등록되어 권리가 보호되며, 이를 토큰 형태로 발행해 판매·라이선스 계약·후원 등의 거래가 가능하다.[32]

이렇게 토큰화된 지적재산권은 2차 창작 허용 여부, 사용 기간, 로열티 분배 비율 등을 스마트 컨트랙트에 반영할 수 있어, 창작자와 이용자 모두에게 명확하고 자동화된 권리 관리 환경을 제공한다.

이런 지적재산권의 토큰화는 단순한 창작물 전시나 파일 공유를 넘어, 디지털 환경에서 창작물의 소유권과 사용권을 경제적 가치가 있는 '거래 가능한 자산'으로 전환한다는 점에서 의의가 크다. 창작자는 브루브 같은 플랫폼을 통해 글로벌 시장에 직접 진출할 수 있고, 이용자는 신뢰할 수 있는 방식으로 창작물을 구매하거나 라이선스를 확보할 수 있다. 이는 창작자의 지속 가능한 수익 구조를 뒷받침하며, 지적재산권 시장의 유동성과 접근성을 크게 높이는 혁신적 시도라 할 수 있다.

7
데이터는 어떻게 '자산'이 되는가?

우리가 일상에서 생성하는 수많은 데이터, 예를 들어 운동기록, 소비 내역, 건강 정보, 소셜미디어 활동 등이 디지털 시대의 새로운 자산으로 부상했다. 한때 기술기업들이 무료로 수집해 활용하던 이런 개인 데이터가 이제는 경제적 가치를 인정받고 있다. 실제로 2018년 한 해에만 데이터가 캐나다 경제에 1,500억 달러 이상의 부가가치를 더했다는 분석도 있다.[33] 그만큼 개인이 만들어내는 데이터가 사회·경제적 자산으로 중요해진 것이다.

그리고 이제, 블록체인 기술 덕분에 데이터에 대한 소유권과 통제권을 개인이 가질 수 있게 되었다. 블록체인이 우리의 거래 내역을 모두가 확인할 수 있는 분산원장 기술로,

여기에 더해 데이터를 디지털 토큰의 형태로 기록하면 위변조 없이 영구히 보존된다. 예를 들어 NFT나 디지털 배지 형태로 내 데이터 기록을 남기면, 기업이 아닌 나에게 그 기록의 소유권이 귀속된다.

데이터 토큰화 덕분에 사람들은 자신의 데이터를 진정한 디지털 자산으로 삼아 누가 그 정보를 볼 수 있고 어떻게 활용되는지 스스로 통제하고, 나아가 그 활용으로부터 보상을 받을 수도 있다. 기업들이 일방적으로 데이터를 가져가 돈을 버는 대신, 데이터 주권을 개인이 행사하며 필요한 경우 활용 대가를 돌려받는 구조로 변화하는 것이다.

실생활 예시: 내 기록이 NFT 배지로

우리 주변의 다양한 기록이 블록체인을 통해 NFT 배지나 토큰으로 발행되어 활용될 수 있다. 예로 건강검진 기록, 운동 앱 데이터, 운전 이력, 자원봉사 활동 데이터 등이 있다.

병원에서 받은 건강검진 결과나 예방접종 이력을 NFT 배지로 발행하면, 자신의 건강 상태 개선 추이를 증명하거나 필요 시 채용 또는 보험 절차에서 신뢰할 만한 인증서로 활용할 수 있다.

의료 스타트업 에이아이메디스Aimedis는 환자들이 자신의 의료 기록을 NFT로 만들어 의사와 빠르게 공유하도록 했고,[34] 엔진Enjin과 헬스히어로Health Hero는 사용자의 운동·건강 데이터를 바탕으로 웰빙NFT를 만들어주는 서비스를 선보였다.[35] 이런 헬스 데이터 배지는 사용자 스스로 자신의 건강 데이터를 관리하고 활용하는 데 도움을 준다.

스마트워치나 운동 앱에 기록된 걸음 수, 심박수, 운동 달성률 등도 블록체인 배지로 만들 수 있다. 예를 들어, 만 보 걷기 달성 배지나 연속 30일 운동 기록 배지를 받으면, 이를 통해 스스로 성취감을 얻고 커뮤니티에서 공유하거나, 건강 보험 할인 혜택을 받는 등의 보상과 연결될 수 있다. 기업이나 단체에서도 이런 배지를 활용해 이용자에게 인센티브를 주는 프로그램을 만들 수 있다.

운전자의 안전 운전 이력을 토큰화하면, 운전 습관 데이터가 투명하게 누적된 디지털 면허증이 된다. 예컨대 무사고 운전 100일 달성, 규정 속도 준수율 99퍼센트 등의 기록을 NFT 배지로 받아두면, 향후 렌터카 이용 시 신뢰도를 증명하거나 자동차 보험료 할인과 같은 보상을 요구할 때 근거로 삼을 수 있다. 안전 운전을 할수록 보상이 주어지는 이런 배지는 운전자들의 행동 개선도 유도할 것이다.

봉사활동 시간과 내용도 인증서 형태의 NFT로 발행해 이력서에 첨부하거나 사회공헌 점수로 활용할 수 있다. 실제로 호주의 한 대학 동아리는 블록체인 기반 NFT 증명서를 통해 학생들의 봉사활동 경력을 영구히 기록하고 검증할 수 있도록 했다.[36] 아울러 모질라Mozilla가 개발한 오픈배지Open Badges도 시각적 토큰과 자세한 메타데이터(발급자, 수여 대상, 수여 기준, 증거 링크 등)를 검증 가능한 디지털 인증서로서 봉사활동, 커뮤니티 참여, 교육 이수, 역량 증명 등 다양한 맥락에서 사용되고 있다.[37]

이와 같이 중앙기관의 확인 없이도 해당 NFT를 통해 언제든 봉사 실적을 증명할 수 있고, 위변조 걱정 없이 신뢰를 얻을 수 있다. 이런 시스템하에서 학생들은 자신의 봉사 이력 데이터에 대한 '자기 주권self-sovereignty'을 확보하고, 기업들은 지원자의 봉사 이력을 즉각 검증할 수 있어 채용 시 신뢰성을 높이는 효과를 보고 있다.

이처럼 다양한 분야에서 개인 데이터를 NFT 배지로 만들어 활용하면, 내 노력과 성과가 디지털상에서 자산으로 인정받고 축적된다. 필요할 때마다 꺼내 보일 수 있는 디지털

훈장이 생기는 셈이다. 또 이런 배지를 많이 모을수록 개인의 신뢰 점수나 평판이 올라가 보상이나 기회 측면에서 이점을 얻을 수도 있다.

AI시대의 데이터 제공과 보상 구조

데이터 토큰화의 개념은 AI시대의 새로운 보상 구조와도 연결된다. 과거에는 대기업이 사용자의 데이터를 몰래 수집해 AI를 학습시켰지만, 이제는 개인이 자신의 데이터 사용처를 결정하고 보상까지 받을 수 있는 길이 열리고 있다.

예를 들어, MIT에서 시작된 탈중앙화 플랫폼 바나Vana는 사용자들이 제공한 개인 데이터를 필요한 AI 모델에 할당하고, 그 대가로 해당 AI 모델의 지분을 받을 수 있도록 한다. 사용자는 자신의 데이터를 어떤 AI 프로젝트에 쓸지 선택하고 동의한 뒤 데이터를 제공하며, 그 기여도에 따라 AI 모델에서 발생하는 수익이나 토큰을 보상으로 배분받는다.[38]

이런 사용자 주도형 데이터 공유 모델에서는 개인이 데이터 활용 방향을 통제할 수 있을 뿐 아니라, 스스로 AI 개발의 공동 주체가 되어 혜택을 나눠 갖는다. 실제 바나 시스템에서는 사용자들의 데이터가 암호화되어 안전하게 공유되고, 신원 식별 정보는 보호되어 프라이버시도 지켜진다.

그 결과 데이터 제공자는 보상을 받고 AI 개발자는 양질의 데이터를 확보하는 상생 구조가 만들어지고 있다. AI 개발사 입장에서도 자발적으로 제공된 데이터는 품질이 높고 다양성도 커서 더 효과적인 AI 모델을 만들 수 있다. 이런 변화는 개인 데이터 마켓플레이스의 가능성을 보여주는데, 실제로 바나는 데이터 기반 토큰을 자유롭게 거래할 수 있는 새로운 표준까지 도입하며 탈중앙화 데이터 시장을 열어가고 있다.

데이터 자산화가 가져올 변화

데이터를 자산으로 토큰화하는 흐름이 본격화되면, 사회·경제 전반에 큰 변화가 예상된다. 우선 개인이 자신의 데이터에 대한 권리와 주권을 갖게 되므로, 데이터 활용에 대한 의사결정 구조가 중앙 기업에서 개인으로 분산된다. 이는 디지털 민주화의 한 형태로, 개인도 데이터 경제의 적극적인 참여자가 될 수 있음을 의미한다.

예를 들어, 내가 생성한 데이터로 이익이 발생하면 그 일부를 내가 돌려받는 보상 기반 생태계가 조성되어, 데이터

생산자와 이용자 간에 가치가 공유된다. 지금까지는 사용자들이 무료 서비스 이용 대가로 데이터를 제공하고도 별다른 대가를 못 받았지만, 앞으로는 데이터를 제공하면 토큰이나 크레디트 등의 보상을 받는 것이 일반화될 수 있다.

이는 사용자들에게 동기부여를 함으로써 의료나 과학 발전을 위해 자발적으로 데이터를 제공하는 문화도 촉진할 수 있다. 실제로 '내 데이터 제공이 곧 나의 수익'이 되는 환경이 조성되면, 많은 사람이 자신의 데이터를 기꺼이 공유해 사회 전체적인 데이터 풀이 넓어지고 AI 발전이나 공익 연구에도 기여할 것으로 기대된다.

한편, 프라이버시 보호와 경제적 참여의 균형이 중요한 과제로 떠오르고 있다. 데이터 자산화 시대에는 개인이 자신의 정보를 경제 활동에 활용하지만, 동시에 사생활을 지켜야 한다는 딜레마가 있다. 민감한 개인정보까지 모두 공개되어서는 안 되기 때문에, 블록체인 기술과 함께 익명화 또는 암호화 기술이 활용되고 있다. 바나 플랫폼의 경우, 사용자의 데이터를 철저히 암호화하고 식별 정보를 가린 상태로 AI 학습에 제공함으로써 프라이버시를 보호한다. 이처럼 프라이버시 강화 기술을 접목하면, 데이터 제공자가 누구인지 드러나지 않으면서도 데이터의 가치만 활용하는 것이 가능하다.

향후에는 영지식증명ZKP, Zero-Knowledge Proof 등 고도화된 암호 기술을 통해 개인정보는 보호하면서 데이터의 경제적 활용은 극대화하는 방식이 표준이 될 것으로 보인다. 결국 데이터 토큰화 시대에는 개인정보 보호와 데이터 활용이라는 두 마리 토끼를 잡기 위한 사회적 논의와 기술적 노력이 병행되어야 한다.

모두가 누리는 데이터 자산의 시대

이제 데이터는 더 이상 기술기업만의 전유물이 아니다. 데이터의 디지털 자산화를 통해 개인과 사회가 함께 데이터를 소유하고 활용하며 보상까지 공유하는 시대가 열리고 있다. 우리 각자가 만들어내는 수많은 데이터가 모이면 거대한 가치의 파도가 되고, 블록체인은 그 가치를 모두가 공정하게 누릴 수 있도록 돕는 인프라 역할을 한다.

결국 데이터는 사회 공동의 자산으로서 개인과 공동체 모두가 그 가치를 나누는 방향으로 나아가고 있다. 데이터 경제의 주인공이 소수의 기업에서 우리 모두로 바뀌어가는 지금, 데이터 주권을 확립하고 건강한 보상 생태계를 구축함으로써 '모두가 누리는 데이터 자산 시대'를 만들어갈 수 있을 것이다.

  우리 생활 속 작은 데이터 하나하나가 모여 더 큰 가치를 창출하고, 그 혜택이 개인과 사회에 골고루 돌아가는 미래가 성큼 다가왔다. 데이터가 곧 나의 자산, 그리고 우리의 자산이 되는 새로운 패러다임을 함께 준비해야겠다.

8
토큰의 가치는 무엇으로 결정되는가

투자자가 디지털 자산의 가치를 제대로 평가할 능력이 없으면 '묻지 마' 투자를 하게 되어 매우 위험하다. 아무런 기준 없이 남들이 좋다니까 무작정 투자했다가는 큰 손실을 볼 수 있기 때문에, 각 투자자는 스스로 토큰의 가치를 평가할 수 있는 눈을 길러야 한다.

이러한 중요성 때문에 나는 국내 최초로 블록체인 학회인 한국블록체인학회를 설립했고, 가장 먼저 추진한 과제가 블록체인 프로젝트를 제대로 평가할 수 있는 기준과 가이드라인을 만드는 일이었다. 실제로 2018년 학회에서 첫 블록체인 평가 기준 가이드라인을 만들어 가치(토큰 구조)·비즈니스 모델·조직·기술의 네 가지 분야로 나누어 각각 평가

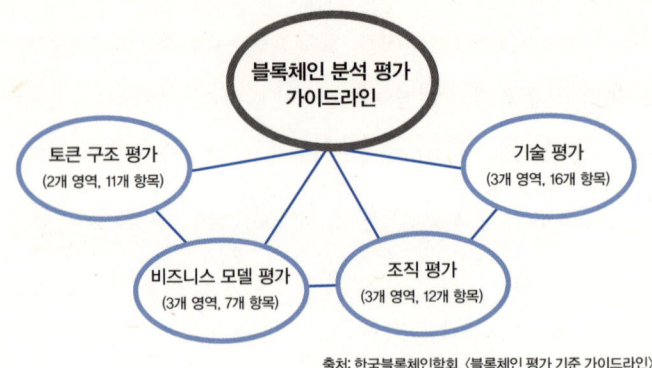

출처: 한국블록체인학회, 〈블록체인 평가 기준 가이드라인〉

[그림 3-4] 블록체인 분석 평가 항목

항목을 정리해 발표하기도 했다.[39]

여기서 STO나 RWA처럼 실물자산을 기반으로 한 토큰은 기존 금융권에서 사용하는 전통적인 자산 평가 방법(예로 현금 흐름 할인법이나 감정평가 등)을 따르면 비교적 명확하게 가치를 산정할 수 있다. 반면 유틸리티 토큰같이 눈에 보이는 자산이 없는 경우는 평가가 매우 어려운 편이다. 유틸리티 토큰은 내재 가치가 불명확하기 때문에, 평가 시 정량적 지표보다는 정성적 분석에 집중해야 한다.

따라서 디지털 자산의 유형에 따라 서로 다른 평가 방법을 적용해야 한다. 한국블록체인학회가 네 분야로 구분한 평가 가이드라인이, 토큰의 가치를 평가하는 방향을 잡는

데 유용한 참고가 될 것이다. (이 평가 항목들은 절대적인 기준이 아니며, 나의 개인적인 견해이므로 투자 판단의 근거가 될 수 없다. 투자는 반드시 본인의 판단과 책임하에 진행하기 바라며, 이 내용은 어디까지나 참고용으로만 활용하기를 권한다.)

토큰 구조 평가

해당 프로젝트의 토큰 설계가 건전한지 살펴본다. 총발행량은 어느 정도이며 초기 판매(ICO 등)를 통해 어떻게 배분되었는지, 팀이나 재단이 보유한 물량은 적절한지 등을 평가해야 한다. 팀 물량에 락업lock-up 기간이 설정되어 있는지도 중요한 포인트인데, 락업이 없으면 팀이 토큰 가치를 높인 뒤 대량 매도해 투자자에게 피해를 끼칠 우려가 있다.

추후 인플레이션 구조도 따져봐야 한다. 시간이 지나면서 추가 발행이 되는 토큰인지, 아니면 발행량이 고정돼 있는지 알아보고 인플레이션이 있다면 그 보상 메커니즘이나 물가상승률이 합리적인 수준인지 등을 검토한다. 요컨대 토큰의 공급량과 분배 구조가 투자자에게 불리하게 설정되어 있지는 않은지가 가치 평가의 출발점이 된다.

비즈니스 모델 평가

프로젝트가 어떻게 수익을 창출하고 지속 성장할 것인지 그 비즈니스 모델을 평가한다. 토큰이 쓰이는 플랫폼의 시장 규모는 충분히 큰지, 해당 분야에서 경쟁력을 가질 만한 독창적 서비스나 콘텐츠를 제공하는지 살펴봐야 한다. 비즈니스 모델이 구체적으로 존재하지 않거나 수익 구조가 모호한 프로젝트는 토큰의 실제 활용처가 부족해 가치가 뒷받침되지 못한다.

탈중앙화된 구조인지도 따져볼 필요가 있다. 중앙집중적 통제하에 수익이 편중되는 모델보다, 블록체인의 분산 네트워크 장점을 살려 참여자들에게 공정하게 보상이 돌아가는 구조가 더 지속 가능하다.

아울러 그 프로젝트가 현실 세계의 수요와 연결되어 있는지, 즉 실제 사용자들에게 유용한 서비스를 제공해서 토큰에 대해 자연스러운 수요를 만들어낼 수 있는지도 핵심 평가 요소다.

조직 평가

프로젝트를 이끄는 팀의 역량과 신뢰성을 점검한다. 결국 사람이 만드는 사업이므로, 팀의 전문성 없이는 백서상의 아이디어가 실현되기 어렵다. 우선 리더십을 발휘하는 핵심 인물들의 이력과 업적을 살펴본다. 이전에 성공적으로 프로젝트를 완수한 경험이 있는지, 업계에서 평판이 좋은지를 보면 된다. 다음으로 개발자 등 팀원들의 기술 역량과 프로젝트 추진 능력을 평가한다. 예를 들어, 블록체인 코어 개발자를 자체적으로 보유하고 있는 팀이라면 기술 구현 능력이 높다고 볼 수 있다. 반면 개발 인력이 터무니없이 부족하거나 외주에만 의존한다면 나중에 문제가 생길 수 있다.

또한 커뮤니티 구성과 열의도 중요한데, 이용자 커뮤니티가 활발하고 참여자들이 프로젝트를 지지하고 있다면 그 토큰의 성공 가능성이 높아진다. 반대로 팀의 소통 부족이나 투명성 결여로 커뮤니티 신뢰가 낮다면 투자에 유의해야 한다.

나아가 경영진의 도덕성(투자금 사용의 투명성, 법적 문제 이력 등)도 따져야 하는데, 이는 프로젝트 지속성에 직접적인 영향을 미친다.

기술 평가

해당 프로젝트의 블록체인 기술적 완성도와 혁신성을 평가

한다. 만약 독자적인 메인넷이나 프로토콜을 개발한 프로젝트라면, 그 소프트웨어가 안정적으로 동작하는지 살펴봐야 한다. 아직 메인넷(블록체인이 실제로 운영되는 독립 네트워크)을 출시하지 않았다면 기술 백서나 프로토타입을 통해 계획된 기능들이 현실성이 있는지 검토한다.

보안성은 특히 중요한 항목이다. 블록체인 플랫폼의 코드 취약점이나 해킹 위험은 없는지, 스마트 컨트랙트의 오류로 인한 자산 손실 가능성이 없는지, 전문가의 코드 감사 등이 이루어졌는지 확인한다.

향후 사용자가 늘어났을 때 시스템이 견딜 수 있는 확장성scalability도 살펴본다. 예컨대 초당 거래 처리량TPS이 너무 낮으면 서비스가 성장할수록 문제가 생길 수 있다.

마지막으로 기술적 차별화도 평가 요소가 된다. 기존의 수많은 블록체인 프로젝트와 비교해 이 프로젝트만의 독창적인 기술이나 특허가 있는지, 또 오픈소스 기술을 활용한다면 커뮤니티 지원은 활발한지 등을 고려한다.

정리하면, 기술 평가는 해당 프로젝트의 기반이 되는 블록체인 기술이 안전하고 탄탄한지 그리고 경쟁 우위를 확보할 만한지를 판단하는 것이다.

4장

디지털 자산 시대, 미래는 어떻게 달라질까?

1
부자가 될 기회, 모두 잡을 수 있을까?

디지털 자산 혁명 시대는 이제 막 시작되었지만 이미 금융과 산업 전반에 큰 변화를 일으키고 있다. 블록체인 기술은 은행, 증권 같은 전통 금융뿐 아니라 콘텐츠, 물류 등 다양한 산업에서 '신뢰의 인프라'를 새롭게 설계하고 있다. 과거 비트코인이 등장했을 때만 해도 투기의 상징으로 여겨졌지만, 이제는 하나의 디지털 금융 기술 실험이자 새로운 거버넌스 혁신 수단으로 평가받는다. 블록체인을 활용하면 중앙 기관 없이도 거래 기록을 남기고 참여자들이 신뢰를 공유할 수 있기 때문에, 신뢰를 형성하는 새로운 방식으로 부상하고 있다. 그렇다고 중앙화 방식이 완전히 사라지지는 않겠지만 새로운 보완책으로 자리 잡을 것이다.

비트코인으로 대표되는 블록체인 1.0이 신뢰할 수 있는 데이터 장부 역할에 초점을 맞췄다면, 이더리움으로 대표되는 블록체인 2.0은 스마트 컨트랙트를 통해 신뢰할 수 있는 프로그램 플랫폼으로 발전했다. 이로써 블록체인은 단순한 기록을 넘어 다양한 디지털 자산을 다룰 수 있는 기반이 되었다.

3장에서 살펴본 바와 같이, 이제 블록체인은 암호화폐를 넘어 현실 세계의 자산까지 디지털화해 전 세계로 유통시키고자 한다. 이런 자산 토큰화의 움직임은 금융의 패러다임을 완전히 바꾸고 있다. 이제는 부동산이나 예술품은 물론 개인 데이터까지 모든 자산이 디지털 토큰 형태로 블록체인에 올라가는 시대가 현실로 다가오고 있는 것이다.

여전히 남은 과제: 규제, 보안, 금융 문해력

물론 디지털 자산 혁명의 길에 밝은 미래만 있는 것은 아니다. 새로운 기술과 산업 변화에는 해결해야 할 과제들도 남아 있다.

- **규제의 미비**: 각 나라의 법과 제도가 블록체인 기술의

속도를 따라오지 못하고 있다. 디지털 자산 거래가 전 세계적으로 가능하나 나라마다 규제가 모순되거나 충분하지 않은 경우가 많다. 미국에서는 합법이지만 한국에서는 불법이 될 수도 있다. 사용자가 어느 나라 시민권을 가지고 있느냐, 어디에서 누구와 거래를 했느냐에 따라 합법 또는 불법이 되기도 하고 세금을 한국 또는 미국에 내야 하는 경우도 생긴다. 각 나라의 규제에 따라 디지털 자산 산업의 경쟁력이 결정되기도 할 것이다. 따라서 글로벌 표준을 마련하는 일이 시급하다. 최근 한국도 STO 가이드라인을 내놓는 등 법적 틀을 만들고 있지만 갈 길이 멀어 보인다. 아울러 한국의 STO는 미국의 RWA에 비해서 그 범위가 매우 좁고 제한적이다. 그런 이유로 디지털 자산의 경쟁력을 상실하면 귀중한 국부가 유출될 것이다.

- **보안과 신뢰성**: 블록체인은 분산원장으로 투명성을 제공하지만, 여전히 해킹 위험이나 스마트 컨트랙트 버그로 인한 사고 가능성이 있다. 실제로 일부 DeFi 프로젝트 해킹 사례처럼, 코드 한 줄의 실수로 막대한 피해가 발생하기도 한다. 기술적 보안과 검증이 중요한 이유

다. 따라서 국가적으로 이런 스마트 컨트랙트와 블록체인의 정보보호 기술에 과감히 투자하고, 이 기술이 산업적으로 성장할 수 있도록 지원하고 육성해야 한다. 마치 우리가 인터넷 보안을 제고하기 위해서 인터넷진흥원을 설립한 것처럼 디지털자산진흥원을 설립하는 것도 좋은 안이라고 본다.

- **금융 문해력의 격차**: 디지털 자산은 탈중앙화를 지향하지만, 정작 정보와 이해 수준에 따른 격차가 벌어질 수 있다. 이런 새로운 자산의 출현과 투자 방법을 모르는 사람들은 오히려 소외되거나 잘못된 정보에 속기 쉽다. 투기나 사기를 당할 염려가 있다. 따라서 국가적으로 인터넷 교육을 생활지원센터에서 지원하듯이, 디지털 자산에 대한 이해력을 돕기 위한 교육에 투자해야 한다. 모두가 공정하게 혜택을 누리려면 교육과 소통을 통해 금융 문해력 수준을 범국가적으로 높여야 한다.

디지털 자산이 그리는 미래: 민주화, 유동성, 신산업

이런 과제들에도 불구하고 디지털 자산이 열어가는 미래의 방향은 분명 희망적이다. 누구나 적은 돈으로도 다양한 자산에 투자할 수 있는 '투자의 민주화' 시대가 열리고 있다. 예전에는 부자들만 접근할 수 있었던 고부가가치 자산인 미술품이나 부동산 투자에 이제 청소년도, 일반인도 소액으로 참여할 수 있게 되었다. 이는 투자 기회가 특정 계층에 독점되지 않고 대중에게 열렸음을 의미한다. 빈부격차 해소에 도움이 될 것이다.

이런 변화는 자산의 유동성을 극대화한다. 디지털 자산 시장에서는 전통 금융에서 며칠 걸리던 거래가 몇 초 만에 이루어진다. 또한 자산을 소수점 단위로 잘게 나눠 소유할 수 있어, 자산이 훨씬 쉽고 빠르게 유동화된다. 필요한 순간에 자금이 묶이지 않고 언제든지 어디서든지 활용할 수 있어 자금 회전 속도가 빨라지며 경제 전반의 효율성이 높아진다.

더 나아가, 디지털 자산은 새로운 산업의 탄생을 촉진하고 있다. 앞에서 언급한 바와 같이, 눈에 보이는 실물자산뿐 아니라 눈에 보이지 않는 권리나 데이터 같은 것도 토큰화해 자산으로 거래되고 있다. 비상장 주식도 토큰화되어 일반인도 쉽게 접근할 수 있다. 아울러 자산시장이 한 국가를 넘어서 글로벌 단일 시장으로 발전할 수 있다. 이에 따라 디지털 자산을 기반으로 한 스타트업과 일자리도 속속 등장하면서 혁신의 생태계가 확장될 것이다.

이제 우리는 단순히 '암호화폐'를 넘어, 디지털 자산이라는 새로운 질서를 준비해야 한다. 부의 정의가 바뀌고, 신뢰의 방식이 재구성되고 있다. 이 변화는 피할 수 없는 흐름이며, 이를 이해하고 대비하는 사람만이 새로운 시대의 기회를 선점할 수 있다.

2
지금 무엇을 알아야 하고, 어떻게 준비해야 할까?

복잡해 보이는 개념들 너머에 있는 본질, 즉 디지털 자산 시대를 이해하기 위한 개인의 준비 자세와 새로운 감각에 대해 이야기하고 싶다. 이 책이 단지 기술을 설명하는 데서 그치지 않고, 독자 스스로의 사고와 판단을 돕는 길잡이가 되기를 바란다.

변화의 시대를 살아가기 위한 기본 소양

디지털 자산의 시대는 단순한 기술의 변화가 아니다. 그것은 우리가 돈을 다루는 방식, 신뢰를 형성하는 방식, 사회와 연결되는 방식 전반을 바꾸는 거대한 흐름이다. 이런 변화 속에서 우리가 갖춰야 할 것은 단순한 투자 정보나 코인 가격에 대한 관심이 아니다. 그것은 바로 '금융 문해력'과 '디지털 시민성'이라는 새로운 시대의 기본 소양이다.

과거의 금융 문해력은 예·적금의 원리나 대출, 보험 상품에 대한 이해에 머물렀다. 그러나 이제는 더 넓고 깊은 지식이 요구된다. 블록체인 기술과 스마트 컨트랙트, NFT, DeFi처럼 새로운 개념들이 빠르게 등장하고 있으며, 이런 기술들이 실제 자산의 가치와 유통 방식에 직접적인 영향을 미치고 있다.

예를 들어, 블록체인의 기본 구조를 이해하지 못하면 NFT가 무엇인지, 왜 비트코인이 가치 저장 수단이 될 수 있는지를 설명할 수 없다. 스마트 컨트랙트의 작동 원리를 모르면, 자동 실행되는 계약에 어떤 위험이 따를 수 있는지 알기 어렵다. 이처럼 디지털 자산 시대의 금융 문해력은 기존 금융상품에 대한 이해를 넘어, 기술적 기반과 새로운 리스크 구조에 대한 이해를 포함해야 한다.

이와 함께 중요한 것이 디지털 시민성이다. 블록체인 생태계에서는 참여자 하나하나가 시스템의 신뢰를 구성한다. 우리는 더 이상 중앙기관에 모든 것을 맡기지 않고, 스스로 결정하고 책임져야 하는 '시민'으로서의 역할을 요구받는다. 어떤 플랫폼에 자산을 맡길 것인지, 커뮤니티의 투표에 참여할 것인지, 정보의 진위를 어떻게 판단할 것인지가 모두 개인의 몫이다. 디지털 시민성은 단순히 기술을 아는 것을 넘어, 기술을 비판적으로 사고하고 책임 있게 활용하는 태도를 의미한다.

불행히도, 이 변화는 너무 빠르게 진행되고, 제도는 그 속도를 따라가지 못하고 있다. 변화의 속도를 따라잡으려면 우리 스스로가 먼저 깨어 있어야 한다. 금융 문해력과 디지털 시민성은 더 이상 선택 사항이 아니다. 그것은 디지털 자산 시대를 살아가는 우리 모두에게 요구되는 생존 역량이다.

개인의 준비: 기술, 태도, 행동

디지털 자산 시대에 대비하는 우리의 자세는 지금보다 더 변화에 능동적이어야 한다. 다음 사항들을 준비해두면 좋을 것 같다.

- **디지털 자산의 원리를 이해해야 한다.** 비트코인, 이더리움 같은 디지털 자산이 어떻게 작동하는지 기본 개념을 알아두어야 한다. 기존 시스템에서 어떤 문제가 있었

고, 이것을 기술이 어떻게 해결하려 하는지 이해하면, 유행에 휩쓸리지 않고 나만의 원칙을 가질 수 있다.

- **블록체인 기술 및 보안에 대한 소양을 갖춰야 한다.** 기술 자체를 모두 다룰 필요는 없지만, 블록체인의 기본 구조, 스마트 컨트랙트의 개념, 그리고 개인 키 관리나 해킹 위험 같은 보안 상식은 익혀두어야 한다. 이는 디지털 세상에서 자신의 자산을 지키기 위한 기초 체력과도 같다. 자신의 자산은 스스로 지킨다는 마음가짐이 필요하다.

- **법·제도와 투자·거버넌스를 아우르는 시각을 가져야 한다.** 기술만 봐선 불충분하다. STO처럼 법과 제도가 정비되는 방향, 각국의 규제 동향도 관심 있게 지켜봐야 한다. 또한 프로젝트에 참여한다면 그 거버넌스 구조나 토큰 경제 모델도 이해해야 한다. 그렇지 않으면 투기 세력에게 이용당할 위험이 있다. 기술, 경제, 법률을 두루 살피는 융합적 시각이 필요하다. 그래야 잠재적 리스크를 이해하고 대비할 수 있다.

- **지금부터 실천해야 한다.** 가장 중요한 것은 행동이다. 행동의 첫걸음은 이미 반 이상 성공한 것이다. 비트코

인이 20만 원일 때 행동이 아닌 머리로만 이해한 사람이 많다. 이해는 행동을 담보해야 내 자산이 된다. 디지털 자산은 더 이상 미래의 일이 아니라 현재진행형이며, 아직 초기 단계인 만큼 학습하고 참여하는 데 늦지 않았다고 생각한다. 세상에는 세 가지 부류의 사람이 있다고 한다. 한 부류는 기회가 지나가야 알아차리는 사람이고, 다른 한 부류는 기회가 지나갔는지도 모르는 사람이다. 마지막 부류는 기회가 다가올 때 행동하는 사람이다. 행동하는 자만이 결실을 맺을 수 있다. 당신은 어느 부류에 속하는가? 지금 한 발 내딛는 사람이 앞으로 10년의 변화를 미리 경험하고 준비할 수 있을 것이다. 나는 조심스럽지만 독자들이 디지털 자산에 대해 믿을 만한 자료를 찾아 공부하는 것부터 시작하길 추천한다.

거대한 변화의 흐름 속에서 가장 중요한 것은 균형 잡힌 태도일 것이다. 지나친 두려움도 무모한 맹신도 경계하면서, 새로운 것을 배우는 호기심과 책임 있는 자세로 디지털 자산 시대를 맞이하면 좋겠다. 디지털 자산 혁명은 피할 수 없는 흐름이니만큼, 우리가 얼마나 잘 대비하느냐에 따라 그것이 기회가 될지 위기가 될지 결정될 것이다. 미래의 나침반은 결국 스스로 쥐고 있다는 사실을 기억해야겠다.

3
한국의 미래 직업과 산업, 어디로 향할까?

소유에서 활용으로, 글로벌 자산 유동화의 기회

디지털 자산 시대의 또 다른 특징은 자산의 개념 변화다. 과거에는 눈에 보이는 물건이나 재화를 '내가 소유'하는 것이 중요했다면, 이제는 눈에 보이지 않는 디지털 자산에 '내가 접근하고 활용'할 수 있느냐가 더 중요해지고 있다.

음악을 소장하기보다 스트리밍으로 필요할 때 듣는 것을 선호하고, 자동차를 구매하기보다 공유 차량을 필요할 때 이용하는 경향이 늘고 있다. 마찬가지로 디지털 시대의 자산도 완전히 내 것이어야만 가치를 갖는 게 아니라, 필요한 순간에 접근해서 쓸 수 있으면 그로부터 가치를 창출할 수 있다.

블록체인을 통해 전 세계의 자산이 토큰 형태로 유통되면, 지구 반대편에 있는 부동산이나 예술작품이라도 내가 일부를 소유하거나 이용할 수 있는 기회가 열릴 것이다. 글로벌 자산 유동화가 현실이 되는 것이다.

이런 움직임은 이미 숫자로도 드러난다. 한 보고서에 따르면, 전 세계 RWA 시장 규모가 현재 약 6,000억 달러에서 2030년경 2조~4조 달러, 또는 30조 달러까지 이를 것으로 다양하게 전망되고 있다.[1] 그만큼 어마어마한 양의 자산이 국경을 넘어 디지털 형태로 거래될 수 있다는 뜻이다.

블록체인 기술은 24시간 쉬지 않는 거래 시장을 제공하고, 자산을 잘게 쪼개 소수점 단위로도 소유할 수 있도록 함으로써 시공간의 장벽을 허물고 있다. 앞으로는 보이는 자산이든 보이지 않는 자산이든 모두 디지털로 연결되어, 세상의 부가 더 빠르고 넓게 흐르는 환경이 펼쳐질 것이다. 이런 흐름을 선점하는 개인과 국가가 다음 시대 부의 중심에 설 것이다.

산업과 일자리 지형의 변화: K-콘텐츠, 팬덤 경제, 메타버스

디지털 자산 혁명은 일자리의 모습도 바꾸고 있다. K-콘텐

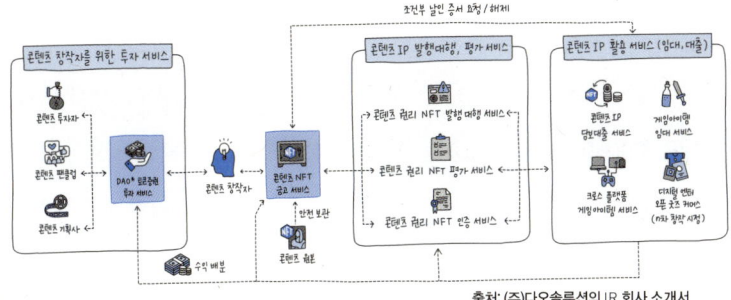

출처: (주)다오솔루션의 IR 회사 소개서

[그림 4-1] 데이터 배지 기반 콘텐츠 유통 전생애주기 서비스 이해도

츠 산업과 팬덤 경제의 변화를 특히 눈여겨볼 만하다. 예를 들어, 이전에는 팬들이 좋아하는 가수의 '굿즈'를 사고 공연 티켓을 구매하는 소비자에 머물렀다면, 이제는 NFT를 통해 디지털 포토카드나 한정판 음반 같은 콘텐츠를 직접 소유하고 거래하는 투자자가 되기도 한다. 심지어 블록체인 기반으로 팬들이 아이돌 기획에 투표로 참여하거나, 팬 창작물을 판매해 수익을 얻는 사례도 나타나고 있다. 이를 가리켜 '팬투언F2E, Fan to Earn'이라고도 부르는데, 팬들이 단순 소비자를 넘어서 공동 창작자 겸 투자자로 활약하는 모습이다.

기존 콘텐츠 기획사의 지원으로 콘텐츠를 창작하는 시대를 넘어서, 디지털 자산 시대에는 [그림 4-1] 왼쪽의 '콘텐츠 창작자를 위한 투자 서비스'에서 보는 바와 같이 팬들이 직접 디지털 토큰으로 콘텐츠 투자자가 된다. 물론 팬클럽도 투자자가 될 수 있다. 이들이 자신들이 좋아하는 창작자를 먼저 지원해서 창작자가 만든 콘텐츠 소유권을 분할해 나눠 갖고 그 콘텐츠로 인한 수익도 배분받는다. 그렇게 되면 팬은 단지 자신이 좋아하는 창작자를 응원하는 것뿐 아니라 창작 활동과 수익 활동에 적극적으로 참여할 수 있다. 기획사나 창작자 입장에서도 창작물을 만들고 맹목적으로 성공하기를 바라는 것이 아니라, 투자 단계에서 얼마나 많은 팬이 참여하는지를 알고 그 창작물의 성공 여부를 미리 판단할 수 있을 것이다. 만약 성공할 가능성이 없다면 기획을 수정하거나(피봇하거나) 또는 폐기할 수 있다.

또한 발행된 콘텐츠 NFT는 다양한 활용이 가능하다. 이를 담보로 자금을 빌릴 수도 있고, 다른 사람에게 빌려줘 임대료를 받을 수도 있다. 실제로 '액시 인피니티 Axie Infinity' 같은 블록체인 게임, 즉 P2E Play-to-Earn 게임에서는 플레이어들이 보유한 아이템 NFT를 다른 게이머에게 빌려주고 수수료를 받기도 한다.[2] 또 엔에프티파이 NFTfi, 아케이드 Arcade, 벤드다오 BendDAO 같은 플랫폼에서 NFT를 담보로 코인을 대출받는 NFT 대여 서비스도 등장했다. NFT로 만든 게임 아이템은 다른 게임에서도 활용될 수 있어, 디지털 자산의 활용 잠재력이 게임 경계를 넘어 확장되고 있다.

NFT로 토큰화된 콘텐츠 자산은 유통과 거래도 자유롭다. 음악, 미술, 게임 아이템, 영상 등 어떤 디지털 콘텐츠든 NFT로 만들면 전 세계 시장에서 팬과 이용자들이 직접 사고팔 수 있다. 그야말로 글로벌 비즈니스에 매우 적합하다. 중개 플랫폼이 요구하던 높은 수수료 없이 창작자는 더 많은 수익을 얻고, 팬들도 투자자이자 소유자로서 권리를 보장받는다. 그리고 스마트 컨트랙트를 통해 콘텐츠가 거래될 때마다 자동으로 일정 로열티를 원작자에게 지급하도록 설정할 수 있어, 창작자는 지속적인 수익을 얻고 팬 투자자도 정당한 보상을 받게 된다.

또한 메타버스와 결합한 팬덤 경제는 가상공간의 일자리를 창출한다. VR 콘서트 기획자, VR 콘텐츠 디자이너, 디지털 굿즈 제작자처럼 이전에는 없던 역할들이 생겨난다. 예컨대 아이돌의 메타버스 콘서트에서는 현실 무대 연출자뿐 아니라 3D 아바타 디자이너, 가상공간 이벤트 운영자 등이 필요하다. 팬들은 메타버스 플랫폼에서 전 세계 누구와도 함께 어울리며 새로운 커뮤니티를 만들고, 그 안에서 다양한 창작 활동을 펼친다.

이런 흐름 속에서 콘텐츠 기획, 기술 개발, 운영, 검증, 평가 등 여러 분야의 새로운 전문직과 일자리가 등장할 것이다. 디지털 자산을 기반으로 한 경제에서는 창의성과 기술 이해를 겸비한 인재들이 두각을 나타낼 것이다. 저성장의 늪에 빠진 대한민국은 이런 신산업을 국가적으로 지원하고 생태계를 조성해야 한다. 그래야 자라나는 신세대들이 우리 구세대보다 잘 살아갈 수 있다.

디지털 자산 혁명 시대는 단순히 기술의 진보나 투자 방식의 변화를 넘어, 우리가 부를 정의하고 나누는 방식을 근본적으로 바꾸고 있다. 소유에서 활용으로, 소비자에서 창작자와 투자자로, 지역 시장에서 글로벌 네트워크로 빠르게 변화하고 있다. 이 거대한 흐름은 이미 시작되었고, 그 속도는 점점 빨라지고 있다.

이제 중요한 것은 변화를 두려워하기보다 변화의 방향을 이해하고, 그 안에서 나만의 역할과 기회를 찾는 일이다. 미래의 부와 기회는 이러한 변화를 준비한 사람들의 몫이 될 것이다. 그리고 그 시작은, 지금 이 순간 우리가 디지털 자산의 가능성을 배우고, 활용하고, 함께 키워나가는 데서 출발한다.

| 주 |

프롤로그 부의 미래는 디지털 자산에 달려 있다

1   Statement on SEC Approval of Spot Bitcoin Exchange-Traded Products, Gary Gensler, U.S. Securities and Exchange Commission, Jan 10, 2024. https://www.sec.gov/newsroom/speeches-statements/gensler-statement-spot-bitcoin-011023

2   인덱스펀드는, 코스피200이나 S&P500 같은 특정 주가지수를 그대로 따라가도록 만든 저비용 분산 투자형 펀드다.

1장 블록체인과 비트코인, 왜 모두가 주목할까?

1   분산원장은, 여러 참여자가 공동으로 기록하고 공유하는 데이터베이스다. 기존처럼 하나의 중앙 서버가 모든 거래를 관리하는 방식이 아니라, 여러 컴퓨터(노드)가 동시에 동일한 정보를 저장하고 경신한다.

2   관심 있는 독자는 해당 사이트를 이용해보라. https://emn178.github.io/online-tools/sha256.html

3   Bitcoin: A Peer-to-Peer Electronic Cash System, Satoshi Nakamoto, 2008. https://bitcoin.org/bitcoin.pdf

4   '채굴되었다'는, 마치 광산에서 금을 캐내듯 '디지털 금'이라 불리는 비트코인이 새롭게 발행되는 과정을 비유한 표현이다.

5   서브프라임 모기지 사태는, 2000년대 초 부실 주택담보대출을 묶어 팔던 금융상품과 부동산 버블이 맞물려 2007년에 터진, 제2차 세계대전 이후 미국 최대의 금융위기 사건이다.

6   Bitcoin Pizza Day: Celebrating the 10,000 BTC Pizza Order, Aaron Hankin, Investopedia, May 22, 2018. https://www.investopedia.com/news/bitcoin-pizza-day-celebrating-20-million-pizza-order/

7   https://coinmarketcap.com/currencies/bitcoin/

8   노드는, 이더리움의 트랜잭션을 처리하는 프로그램이 돌아가는 컴퓨터 서버들을 말한다.

9   Bitcoin: A Peer-to-Peer Electronic Cash System, Satoshi Nakamoto, 2008.

10   리먼브라더스 사태는, 과도한 레버리지, 부실한 규제, 복잡한 파생상품이 결합되면서 미국 4위 투자은행 리먼브러더스가 파산하고, 그 여파로 글로벌 신용 시스템이 붕괴된 사건이다.

11   M1 통화는, 시중에서 바로 사용할 수 있는 현금과 요구불예금(수시 입출금이 가능한 예금) 등 가장 유동성이 높은 돈을 합한 지표다. 쉽게 말해, '즉시 쓸 수 있는 돈'을 말한다.

12   https://fred.stlouisfed.org/series/M1SL

13   BTC는 비트코인의 단위다. 1BTC는 1비트코인을 의미한다. 1BTC는 1억분의 1까지 소수점으로 나뉠 수 있다.

14   https://bloomingbit.io/feed/news/2124

15   라이트닝 네트워크는, 비트코인의 확장성 문제를 해결하기 위해 고안된 2차 결제 프로토콜(컴퓨터나 네트워크 장치들이 데이터를 주고받을 때 따르는 규칙이나 약속)이다. 블록체인 밖에서 다수의 거래를 처리한 뒤 최종 결과만 메인 체인에 기록함으로써, 초저비용·초고속 송금이 가능하다. 특히 소액 거래에 적합하다. 전 세계 어디서든 실시간 송금을 구현할 수 있다는 점에서 '비트코인의 킬러앱'으로 불리기도 한다.

16   "El Salvador – The Emergence of Bitcoin Nations?", Marcus Dapp, Bitcoin suisse, Sep 14, 2021. https://www.bitcoinsuisse.com/research/decrypt/season-2021/el-salvador-the-emergence-of-bitcoin-nations

17 Bitcoin Becomes Legal Tender in El Salvador — and What This Means for FinTech, Steven Dickens, Futurum, Sep 8, 2021. https://futurumgroup.com/insights/bitcoin-becomes-legal-tender-in-el-salvador-and-what-this-means-for-fintech

18 Bitcoin and cryptocurrencies aren't money, Reuters, The Guardian, 11 Jul, 2019. https://www.theguardian.com/us-news/2019/jul/12/donald-trump-bitcoin-and-cryptocurrencies-arent-money

19 Examining Trump's Strategic Bitcoin Reserve: What's Inside and Why It Matters, Adam Hayes, Investopedia, May 7, 2025. https://www.investopedia.com/what-s-inside-and-why-it-matters—11718655

20 President Trump Issues Executive Order on Digital Assets, Scott H. Kimpel, Hunton, Jan. 27, 2025. https://www.hunton.com/blockchain-legal-resource/president-trump-issues-executive-order-on-digital-assets

21 "Trump: If bitcoin is going to the moon, I want America to lead the way", Ledger Insights, Jul 29, 2024. https://www.ledgerinsights.com/trump-if-bitcoin-is-going-to-the-moon-i-want-america-to-lead-the-way/

2장 돈의 진화, 아날로그에서 디지털로

1 '정산 지연 사태' 티몬·위메프, 기업회생 신청, 〈전자신문〉, 2024-07-29. https://www.etnews.com/20240729000365

2 https://blog.etherisc.com/decentralized-insurance-trends-upwards-2b97496c0386

3 Food Traceability on Blockchain: Walmart's Pork and Mango Pilots with IBM, Reshma Kamath, The JBBA, Jun 12, 2018. https://jbba.scholasticahq.com/article/3712-food-traceability-on-blockchain-walmart-s-pork-and-mango-pilots-with-ibm/attachment/20459.pdf

4 https://www.verix.io/blog/blockchain-luxury-authentication

5 https://www.ibm.com/think/topics/smart-contracts

6 What Is Mobile Money and How It's Transforming Africa's Economy?, Blen Amanuel, Peng Boris, May 14, 2025. https://techcultureafrica.com/mobile-money-in-africa

7 Real-World Assets (RWAs) Explained, Chainlink, June 6, 2025. https://chain.link/education-hub/real-world-assets-rwas-explained

8 Asset tokenization is the process of converting rights to a physical or digital asset into a digital token on a blockchain, which can be fungible or non-fungible, Allie Grace Garnett, Britannica Money. https://www.britannica.com/money/real-world-asset-tokenization

9 Faster, cheaper, safer: how tokenisation can change investing, Andrew Whiffin, Financial Times, Mar 6, 2024. https://www.ft.com/content/dd020b5d-d031-4122-a488-ba7241b7f70d

10 The Tokenization of Real-World Assets, Arcesium, Oct 7, 2024. https://www.arcesium.com/blog/tokenization-assets

11 Tokenization of Real-World Assets, World Economy Forum, Dec 10, 2024. https://www.natlawreview.com/article/tokenization-real-world-assets-opportunities-challenges-and-path-ahead

12 Tokenization of Private Assets: Unlocking Liquidity, Transparency and Access in Modern Investment Landscape, Tommaso Cervellati, Jan 17, 2025. https://caia.org/blog/2025/01/17/tokenization-private-assets-unlocking-liquidity-transparency-access-modern

13 BlackRock's Fink says rise of bitcoin shows 'how much money laundering is being done in the world', Mark DeCambre, MarketWatch, Oct 3, 2017. https://www.marketwatch.com/story/blackrocks-fink-says-rise-of-bitcoin-shows-how-much-money-laundering-is-being-done-in-the-world-2017-10-03

14 BlackRock CEO Larry Fink Says Bitcoin Is An International Asset, BtcCasey, Bitcoin Magazine, Jul 5, 2023. https://www.nasdaq.com/articles/blackrock-ceo-larry-fink-

says-bitcoin-is-an-international-asset

15 BlackRock's BUIDL fund explained: Why it matters for crypto and TradFi, Cointelegraph, 2024. https://www.tradingview.com/news/cointelegraph:1855fa700094b:0-blackrock-s-buidl-fund-explained-why-it-matters-for-crypto-and-tradfi/

16 Tokenized RWAs Could Grow to a $10T Market by 2030 as Crypto Converges to TradFi: Report, Krisztian Sandor (CoinDesk), Oct 17, 2023. https://www.coindesk.com/markets/2023/10/17/tokenized-rwas-could-grow-to-a-10t-market-by-2030-as-crypto-converges-to-tradfi-report

17 RWA Tokens Set to Democratize Investment Access for Retail Traders, Coin World, Jul 13, 2025. https://www.ainvest.com/news/rwa-tokens-set-democratize-investment-access-retail-traders-2507/

18 The Rise of Real-World Assets (RWAs) in DeFi: Key Players and Opportunities, Patrick Shields, Apr 10, 2024. https://alphapoint.com/blog/real-world-assets/

19 이자 농사는, 암호화폐 보유자가 자신의 자산을 DeFi 프로토콜에 예치하거나 대출하여, 그 대가로 수익(이자 또는 추가 토큰)을 얻는 행위를 말한다. 이는 전통 금융에서 은행에 예금하고 이자를 받거나 채권을 빌려주고 수익을 얻는 것과 유사하지만, 중개자(은행 등) 없이 블록체인상의 스마트 컨트랙트를 통해 자동으로 이루어지는 방식이다. What is yield farming and how does it work?, Coinbase website, https://www.coinbase.com/learn/yourcrypto/what-is-yield-farmingand-how-does-it-work

3장 세상의 모든 자산을 토큰으로 만들다

1 [Q&AI] 스테이블코인 뭐길래… 전망은?, ZDNet Korea, 2025-07-21. https://zdnet.co.kr/view/?no=20250721165532

2 Stablecoin, Wikipedia. https://en.wikipedia.org/wiki/Stablecoin

3 Transparency: All Tether tokens are pegged at 1-to-1 with a matching fiat currency

and are backed 100% by Tether's Reserves. https://tether.to/en/transparency/?tab=usdt

4   Stablecoin issuer Circle tops revenue estimate in first quarterly result since IPO, Niket Nishant, Aug 13, 2025. https://www.reuters.com/business/stablecoin-issuer-circle-tops-revenue-estimate-first-quarterly-result-since-ipo-2025-08-12/

5   USD Coin value falls after revealing $3.3bn held at Silicon Valley Bank, The stablecoin fell as low as $0.87 as Circle broke the news that its reserves were at the collapsed lender. https://www.theguardian.com/technology/2023/mar/11/usd-coin-depeg-silicon-valley-bank-collapse

6   The Dai Stablecoin System, Whitepaper, the Maker Team, 2017. https://makerdao.com/whitepaper/DaiDec17WP.pdf

7   PayPal Launches U.S. Dollar Stablecoin, PayPal newsroom, Aug 7, 2023. https://newsroom.paypal-corp.com/2023-08-07-PayPal-Launches-U-S-Dollar-Stablecoin

8   Why Walmart and Amazon Are Reportedly Considering Their Own Crypto Stablecoins, ANDREW KESSEL, Jun 13, 2025. https://www.investopedia.com/why-walmart-and-amazon-are-reportedly-considering-their-own-crypto-stablecoins-11754112

9   Stablecoin growth-policy challenges and approaches, Iñaki Aldasoro, Matteo Aquilina, Ulf Lewrick and Sang Hyuk Lim, 11 Jul, 2025. https://www.bis.org/publ/bisbull108.pdf

10 테라-루나 사태는, 알고리즘 스테이블코인의 구조적 취약성을 극명하게 드러낸 대표 사례다. 테라USD는 별도의 충분한 담보 없이 자매 토큰 루나의 시장가치에 의지해 발행·소각 메커니즘으로 1달러 가치를 유지하려 했다. 즉, 테라USD 가격이 1달러 아래로 떨어지면, 프로토콜은 테라USD를 소각하고 같은 가치의 루나를 새로 발행해 테라USD 공급을 줄여서 가격을 복원하고자 한 구조다. 그러나 2022년 5월, 투자자들의 대규모 매도와 시장 불신이 겹치면서 테라USD 가치가 1달러에서 급격히 하락했고, 이를 방어하기 위해 대량의 루나가 발행되면서 루나 가격도 폭락했다. 이 '죽음의 나선death spiral'은 불과 며칠 만에 두 토큰의 가치를 사실상 0으로 만들었고, 전 세계 투자자가 수십억 달러의 손실

을 보았다. 이는 담보가 충분하지 않은 알고리즘 스테이블코인이 극심한 변동성과 유동성 위기 앞에서 얼마나 허약한지를 보여준 사건으로 기록되었다.

11 109 Million Wallets Use Stablecoins—So Why Do Brokers Still Say No?, Sameer Bhopale, Apr 22, 2025. https://www.financemagnates.com/forex/109-million-wallets-use-stablecoinsso-why-do-brokers-still-say-no/

12 온체인은, 블록체인 네트워크의 메인 체인에 트랜잭션이 기록되는 것을 의미한다. 거래나 스마트 컨트랙트 등 블록체인에서 발생하는 모든 활동은 온체인 데이터가 된다.

13 Stablecoin Summer Drives Record $1.5 Trillion Monthly On-Chain Volume, Coin World, Thursday, Aug 7, 2025. https://www.ainvest.com/news/stablecoin-summer-drives-record-1-5-trillion-monthly-chain-volume-2508

14 Digital Dollars: Banks and Public Sector Drive Blockchain Adoption, Citi Institute, 2025. https://www.citigroup.com/rcs/citigpa/storage/public/GPS_Report_Blockchain_Digital_Dollar.pdf

15 Tether Issues $20B in USD₮ YTD, Becomes One of Largest U.S. Debt Holders with $127B in Treasuries, Net Profit ~$4.9B in Q2 2025 Attestation Report, JULY 31, 2025. https://tether.io/news/tether-issues-20b-in-usdt-ytd-becomes-one-of-largest-u-s-debt-holders-with-127b-in-treasuries-net-profit-4-9b-in-q2-2025-attestation-report

16 US Treasuries face stablecoin-driven demand surge as supply looms, Gertrude Chavez-Dreyfuss, Reuter, Jun 27, 2025. https://www.reuters.com/business/us-treasuries-face-stablecoin-driven-demand-surge-supply-looms-2025-06-25/?utm_source=chatgpt.com

17 Treasury Eyes Stablecoins as New Power Player in US Debt Markets, Market Overview, Michael Lebowitz, Apr 6, 2025. https://www.investing.com/analysis/treasury-eyes-stablecoins-as-new-power-player-in-us-debt-markets-200661717

18 Chairman Hill: A Properly Regulated Stablecoin Market Can Strengthen the U.S. Dollar's Dominance, Washington, Mar 11, 2025. https://financialservices.house.gov/news/documentsingle.aspx?DocumentID=409499

19 THE FUTURE IS HERE: FLORIDA PROPERTY UNDERGOES BID AND TRANSFER USING NFT, Florida Agency Network, n.d. https://flagency.net/florida-property-undergoes-bid-and-transfer-using-nft

20 '5,000원으로 건물주 가능?' 부동산 수익증권 '댑스' 뭐가 다르냐: 상업용 부동산 수익증권을 기업 주식처럼 거래… 기초 자산 규모 작은 건 한계, 〈비즈한국〉, 2020-11-20. https://www.bizhankook.com/bk/article/20985

21 https://images.app.goo.gl/Neo5DgD3h8AwtwFr9

22 카사, 22억 '부티크호텔 르릿' 5분 만에 완판… 수익률 5%, Wow Tale, 정명화, 2022-04-19. https://wowtale.net/2022/04/19/38246/

23 [인터뷰] "푼돈 모아 수십억 부동산 투자하는 조각투자 주목", 이숙영, 〈인사이트코리아〉 2025-02-26. https://www.insightkorea.co.kr/news/articleView.html?idxno=219267

24 "부동산 조각투자, 제도권으로… 누구나 소유하는 시대 연다" [이코노 인터뷰], 송현주, 〈이코노미스트〉 2025-07-14. https://economist.co.kr/article/view/ecn202507040058

25 런던금시장협회 LBMA, London Bullion Market Association는, 세계 최대 금시장 협회다. 매일 발표하는 금 시세가 국제 금값의 기준이 된다. 회원사는 연간 100톤 이상 거래 실적과 품질 인증을 갖춘 실물 금 관련 기업들로 구성되어 있다. 최근에는 디지털 금(PGI 토큰) 도입 논의로 시장의 디지털 전환이 주목받고 있다.

26 부산디지털자산거래소, '센골드' 인수… 플랫폼 '비단(Bdan)'으로 이달 정식 서비스, 김민국, 〈조선비즈〉, 2025-06-17. https://www.chosun.com/economy/money/2025/06/17/BRYDFI55ZVVI5TGCH3QK4F7SYU/

27 부산디지털자산거래소, '센골드' 인수… 플랫폼 '비단(Bdan)'으로 이달 정식 서비스, 김민국, 〈조선비즈〉, 2025-06-17. https://www.chosun.com/economy/money/2025/06/17/BRYDFI55ZVVI5TGCH3QK4F7SYU/

28 Everydays: the First 5000 Days, Wikipedia. https://en.wikipedia.org/wiki/Everydays%3A_the_First_5000_Days?utm_source=chatgpt.com

29 This LA Startup is Using NFTs to Create The Season Ticket Holder Experience for Restaurant Patrons, Samson Amore, Nov 02, 2022. https://dot.la/nft-restaurant-

reservation-2658583453.html

30. EIB settles €100 million digital bond on private blockchain, Zhiyuan Sun, 29 Nov 2022. https://cointelegraph.com/news/eib-settles-100-million-digital-bond-on-private-blockchain

31. Franklin Templeton launches tokenized fund in Luxembourg, Ledger Insights, Feb 27, 2025. https://www.ledgerinsights.com/franklin-templeton-launches-tokenized-fund-in-luxembourg/

32. https://broove.it

33. Study: The value of data in Canada: Experimental estimates, Oct 7, 2019. https://www150.statcan.gc.ca/n1/daily-quotidien/190710/dq190710a-eng.htm

34. Aimedis Announces the NFT Healthcare Platform, Nasdaq, Nov 15, 2021. https://www.nasdaq.com/press-release/aimedis-announces-the-nft-healthcare-platform-2021-11-15

35. PRESS RELEASE: Enjin Partners with Health Hero to Launch NFT-powered Wellness App, Go Health Here, Jun 10, 2021. https://www.gohealthhero.com/blog/enjin-healthhero-go

36. https://www.monperrus.net/martin/nft-course-certificate

37. Elevate your learning with Open Badges. https://openbadges.org/

38. The Protocol: Vana Introduces Token Standard for Data-Backed Assets. Also: Manufacturers are building ASICs that look like servers, BY BENJAMIN SCHILLER, Apr 3, 2025. https://www.coindesk.com/tech/2025/04/02/the-protocol-vana-introduces-token-standard-for-data-backed-assets

39. 블록체인학회, 블록체인 평가 기준 2.0 발표… 기술 평가 추가, 이지영, 〈매일경제〉, 2018-11-16. https://www.mk.co.kr/news/business/8562074

4장 디지털 자산 시대, 미래는 어떻게 달라질까?

1 Asset tokenization, Wikipedia. https://en.wikipedia.org/wiki/Asset_tokenization

2 Yield Guild Explains: Play-to-Earn and Scholarships, Yield Guild Games, 2021년 7월 6일, https://medium.com/yieldguild-games/yield-guild-explains-playto-earn-and-scholarships-bb1e097c2a61